Nico & Arnold Schnittger
Ich berühr den Himmel

Arnold Schnittger war Fotograf auf den Kontinenten der Welt, ständig unterwegs mit der Kamera, immer auf der Suche nach guten Fotoreportagen. Dann wurde sein Sohn Nico geboren. Nun ist er auch ständig unterwegs. In Deutschland. Hat die Kamera eingetauscht in Windelpakete und das Flugzeug gegen einen Rollstuhl. Für Nico.
Nicht mehr gute Fotomotive sind seine Reiseziele, sondern Ämter, Behörden und Kämpfe um alles, was Nicos Leben besser macht. Denn Nico ist körperlich und geistig schwerstbehindert.
Arnold Schnittger lebt mit dem 25-jährigen Nico in Hamburg im täglichen Kampf um das, was jedem zusteht: Ein würdiges Leben.

Nico & Arnold Schnittger

Ich berühr den Himmel

Im Rollstuhl durch Deutschland

smm **Leichte Sprache Verlag**

Bibliografische Information der Deutschen Nationalbibliothek
Die Deutsche Nationalbibliothek verzeichnet diese Publikation in der Deutschen Nationalbibliografie, detaillierte bibliografische Daten sind im Internet über http://dnb.de abrufbar.

2. überarbeitete Auflage 2019

1. Auflage 2019 bei *smm Leichte Sprache Verlag UG* (haftungsb.), Hamburg, über Nova MD GmbH, Vachendorf

Umschlag: Arnold Schnittger / Friederike Munde
Foto Umschlag, Seite 89 oben: Melanie Dreysse
www.nicosfarm.de
Satz: Friederike Munde, Münster
Druck: BoD GmbH, Norderstedt
ISBN 978-3-947901-03-6

Ich berühr den Himmel,
ich bin ganz nah dran.
Doch ich fliege nur so hoch,
weil ich weiß, dass ich auch landen kann.
Carsten Pape, Nico Schnittger

Carsten, Hamburger Musiker, schrieb das Lied für Nico
„Ich geh schwimmen mit Delfinen“

Inhalt

Vorwort	9
Wir sind dann mal weg	11
Mit einem Lächeln immer auf großer Fahrt	17
Inwendig warm	22
So platt, wie das Land	25
Asphaltcowboys	32
Soll knacken und knirschen	35
Die Bauchtanztruppe aus der Ulzburggruppe	38
Sushi bei 38 Grad	42
Meister Jakob	46
Zwischen Zärtlichkeit und Wut (tut das Leben richtig gut)	52
Die Heidekönigin	57
Eine Verschwörung	61
Rollstuhl ADAC	66
Vergangenheitsbewältigung	70
Der mit dem Wolf tanzt	76
Auf die Bahn ist Verlass	79
Integration und Inklusion	86
„Ich reite auf dem Wind“	90
Frikadelle am Morgen	100
Ich berühr den Himmel	103
Kanzlerfreuden	108
Ein Tag wie ein Freund	111
Der Glöckner von Notre-Dame	116
Alte Frau mit Gehwagen	118
Nudeln im Mondschein	124

Ihr Kinderlein kommet … 128
Big Brother is Watching You 131
Empört Euch – wehrt Euch! 135
Ins Gefängnis 140
Eine Hacke macht Attacke 147
Der Seele Flügel wachsen lassen 149
Im Märzen der Bauer den Rollstuhl einspannt 153
Handkäs vom Bürgermeister 156
Kollateralschäden 162
Sonnenkinder 165
Weinköniginnen 170
Führe mich nicht in Versuchung 173
Auf die Socken 177
Das Lachen der Schmetterlinge 184
Erdbeereis am Abend 190
Himbeereis zum Frühstück 193
Hört Ihr Leut' und lasst Euch sagen … 196
Vom rechten Weg abgekommen 201
Wir sind dann mal da 206
Mein Dankeschön geht an 210

Nachbemerkungen 211
Unser Wohnprojekt „Nicos Farm“ 211
„Care Revolution“ 213

Epilog 215
Literaturverzeichnis 216

Vorwort

Badeunfall, Gehirnhautentzündung, Sauerstoffmangel bei der Geburt, …

In wenigen Sekunden wird aus einem normal entwickelten Kind ein behindertes. Und in wenigen Sekunden wird aus einer normalen Familie eine Familie mit massiven Problemen.

In Deutschland gibt es über 950.000 Familien mit behinderten Kindern. Viele davon leben unter schwierigen finanziellen Bedingungen, da die Eltern aufgrund des hohen Pflegeaufwandes zumeist keiner geregelten Arbeit mehr nachgehen können und auf staatliche Hilfe in Form von Hartz IV und Pflegegeld angewiesen sind.

Welchem „normalen" Menschen ist schon bewusst, dass behinderte Kinder ein Vielfaches von dem an Betreuung, Pflege und Zuwendung brauchen, was gesunden Kindern fast nebenbei zuteilwird? Dass behinderte Kinder oft ihr Leben lang auf dem Kleinkindniveau bleiben und rund um die Uhr betreut werden müssen? Dass Eltern behinderter Kinder oft am Rande ihrer physischen und psychischen Grenzen existieren? Dass Eltern von behinderten oder schwer kranken Kindern jedoch trotz oder vielleicht sogar wegen der besonderen Lebenssituation auch eine Art von Erfüllung spüren, die Vätern und Müttern gesunder Kinder vorenthalten bleibt.

Ähnliches gilt für Menschen, die ihre Angehörigen, wie Vater, Mutter, Geschwister oder Großeltern zuhause pflegen, um ihnen das Heim zu ersparen.

Diesen „pflegenden Angehörigen" ist die Wanderung „inwendig warm" gewidmet.

Die Wanderung sollte nicht nur aufrütteln. Vor allem wollten wir mit Menschen entlang der Strecke und mit vielen Mitwanderern und Mitwanderinnen ins Gespräch kommen. Und – auch, wenn das Thema der Aktion sehr ernst ist: auf dem Weg von Flensburg bis zum Bodensee ist es gut gelaunt zugegangen. Es sollte ein Aufruf sein für mehr soziale Wärme, mehr Toleranz und Verständnis gegenüber Menschen, die ihre Angehörigen pflegen.

Inwendig warm, Tag 1
von Flensburg nach Sieverstedt

Wir sind dann mal weg

Es ist Freitagmorgen in aller Herrgottsfrühe. Irgendwo auf der A7, kurz vor Flensburg. Kriechspur, ganz rechts. Ich werde immer langsamer. Dumpfer Schmerz in der Magengrube. Aber ich weiß: Es ist nicht mein Magen. Es ist auch kein Defekt am Auto, der mich langsamer werden lässt. Es ist die Angst vor der eigenen Courage.

Vollmundig habe ich hinausposaunt, dass ich mit meinem Sohn Nico quer durch Deutschland wandern werde. Vom Norden bis zum Süden. Das ist eigentlich nichts Besonderes. Besonders daran ist, dass Nico im Rollstuhl sitzt. Er wurde ein bisschen schief ins Leben gebaut und ist mehrfach schwerstbehindert.

Zweimal habe ich ähnliche Touren bereits gemacht. Nur noch nie so weit. Zweimal bin ich mit Nico von Hamburg bis nach Meerbusch, bei Krefeld, gewandert. Wir waren auf der Suche nach einer solidarischen Gesellschaft. Wir wollten ein bisschen sensibilisieren, auf die Probleme, Ängste und Nöte von Eltern mit behinderten Kindern aufmerksam machen. Aber wir wollten auch auf die, wie ich finde, erbärmliche Situation in der Pflege im Allgemeinen hinweisen. Wir wollten aufzeigen, dass hier etwas nicht stimmt. Wie kann es sein, dass Menschen, die ihre Angehörigen pflegen und deshalb nicht ausreichend Geld verdienen können, in Hartz IV geraten?

Und deshalb gehen wir nun erneut auf die Straße. Wir wollen meckernd durch Deutschland ziehen und informieren, mit Politikern und Politikerinnen sprechen, zur Empörung aufrufen und versuchen, ein breites Publikum zu erreichen. Aber niemals mit dem erhobenen Zeigefinger. Immer mit Frohsinn und Optimismus möchten wir aufzeigen, dass sich einiges ändern muss. Und deshalb habe ich Nico dabei. Mit seiner Fröhlichkeit und mit seiner überschäumenden Lebensfreude hat er schon viele Türen geöffnet. Ein Lachen hört man eben weiter als ein Weinen.

Fast 1.100 Kilometer liegen vor uns. Ich werde wandern, während mein Partner komfortabel im Rollstuhl sitzen wird. „Inwendig warm" lautet das Motto der diesjährigen Wanderung. Alle Wanderungen habe ich so genannt, nach einem Lied des Liedermachers Konstantin Wecker, der unsere Aktion auch als Schirmherr unterstützt.

Dort heißt es:

„Lass Dich fallen in irgendeinen Arm
und mach die Arme auf, wenn irgendwer fällt,
so halten wir uns inwendig warm,
denn da draußen, da ist's oft so kalt"

Und in bayerischer Mundart gesungen, reimt es sich dann auch.

Von dieser Wärme und von der Kälte gleichermaßen möchte ich auf dieser Wanderung berichten.

Wir sind immer noch auf der Kriechspur, auf dem Weg zum Flensburger Rathaus. Dort wollen wir starten. Neben uns ertönt plötzlich ein lautes Hupkonzert. Sind wir zu langsam? Robert Jarowoy und seine Lebensgefährtin Ate Reiß winken uns aus einem klapprigen Auto fröhlich zu. Sie wollen beim Start dabei sein und mir moralischen Beistand leisten.

Robert ist Kommunalpolitiker und mir in den letzten Jahren ein guter Freund und Weggefährte geworden. Hauptberuflich handelt er mit Käse und er schreibt Kriminalromane. Viele Politiker verkaufen Käse und erzählen Romane. Aber Roberts Käse ist echt, den kann man essen. Robert gehört zu den wenigen guten und glaubwürdigen Politikern, wie ich finde. Seine Romane spielen alle in seinem Bezirk und handeln von Politik, Korruption und bösen Machenschaften. Gern verwendet er Originalnamen, um sie verschmitzt leicht abzuwandeln. So kann man den wahren Bösewicht meist identifizieren. Fiktion und Realität verschmelzen in seinen Geschichten und man kann sie kaum auseinanderhalten. Den Leser beschleicht das ungute Gefühl, es könnte tatsächlich so gewesen sein. In seinem Roman „Chinagate Altona“ erzählt er sogar über unseren Verein „Nicos Farm e.V.“ und über Politiker, die verhindert haben, dass behinderte Kinder ein Zuhause bekommen.

Den Verein habe ich im Jahr 2008 aus Sorge um die Zukunft meines Sohnes gegründet. Die Frage, was wird aus Nico, wenn ich mich aus Altersgründen nicht mehr um ihn kümmern kann, macht mich umtriebig. Menschen, wie Nico, werden unweigerlich ihr Leben in einem Pflegeheim verbringen müssen. Ein schrecklicher Gedanke, der mich mit allen Eltern, die behinderte Kinder haben, verbindet. Nicos Farm soll ein Wohnprojekt werden, in dem die Eltern zunächst gemeinsam mit ihren Kindern leben. Wenn dann die Zeit des Loslassens kommt, erhalten die dann erwachsen gewordenen Kinder einen eigenen Wohnbereich auf Nicos Farm, in dem sie in Würde leben dürfen, liebevoll betreut werden und auch arbeiten können. Bis zur Umsetzung dieses Zieles ist es allerdings noch ein langer und mühevoller Weg.

Endlich erreichen wir das Flensburger Rathaus. Inzwischen haben sich noch weitere Mitglieder aus unserem Verein eingefunden. Vor der gläsernen Rathaustür hat die Behindertenbeauftragte bereits ein kleines Buffet für einen Umtrunk aufgebaut. Roberts Freund, Flemming Meyer, der Landesvorsitzende vom SSW, dem Südschleswigschen Wählerverband, trifft ein und begrüßt uns. Er hat ein paar Fotografen mitgebracht und schon bricht das Blitzlichtgewitter los. Nico strahlt in die Kameras und ich bekomme Bluthochdruck. Zumindest erreichen wir auf diese Weise auch die dänische Minderheit mit unserer Aktion. Nico genießt seine Position als „Mister Wichtig“, während ich mich bemühe, Frage und Antwort zu stehen.

„Zum Bodensee wollen wir, jawoll!“ Habe ich Bodensee gesagt? Mein Gott! Der Bürgermeister kommt auch noch kurz vorbei, wünscht uns im Vorbeigehen „einen guten Ritt“ und schon fällt der Startschuss. Als gute Pazifisten verzichten wir auf eine Startpistole. Stattdessen lässt Nico jubelnd einen Luftballon knallen. Wir traben los. Robert ist fußkrank, hat schlimme Schmerzen im Knie und fährt deshalb das Begleitfahrzeug. Auch Bärbel, Nicos Mutter, ist eingetroffen, um uns am Ziel unserer heutigen, ersten Etappe wieder einzusammeln und zu unseren Fahrzeugen zurück zu bringen. Diese logistische Aufgabe wird in den nächsten Wochen die eigentliche Herausforderung der gesamten Wanderaktion werden.

Noch viel zu sehr unter dem Eindruck der vor uns liegenden Strecke stehend, habe ich Georg Wendt, auch ein aktives Mitglied aus unserem Verein, die Navigation zum ersten Etappenziel übertragen. Georg kennt sich mit Karte und Fährtensuche gut aus. Sagt er. Wir müssen nur den Weg aus der Stadt herausfinden. Georg hält die Karte in der Hand und zeigt uns selbstbewusst den richtigen Weg.

Nach ein paar Kilometern murmle ich leise, das könne wohl irgendwie nicht stimmen.

„Ich habe mich verfranzt!", gesteht er kleinlaut.

Stimmt!

Alles wieder zurück!

Unsere hässlichen Bemerkungen erträgt er aufgrund seiner nunmehr beklagenswerten nervlichen Verfassung in gebückter Haltung. Endlich erreichen wir die Stadtgrenze. Nun geht es nur noch geradeaus. Das Wetter meint es gut mit uns. Ein bisschen zu gut. Unsere Wanderung trägt den Titel „inwendig warm" aber nicht brütend heiß. Wir schleppen uns mühsam über den Asphalt. Aber alle halten durch. Ate, von zierlicher Gestalt, legt ein bemerkenswertes Tempo vor. Nie im Leben hätte ich ihr das zugetraut. Ich komme kaum hinterher. Kurz vor dem Ziel in Sieverstedt meldet sich der kleine Hunger. Mein Vorschlag, unsere ausgedörrten Körper wieder ein bisschen mit Energie aufzuladen, kommt sehr gut an. Bald darauf finden wir auch ein nettes Lokal mit einem hübschen Biergarten.

Nico frönt jubelnd seiner Leidenschaft für kulinarische Freuden und erhält, obwohl ich mir meiner pädagogischen

Verantwortung sehr bewusst bin, eine Extraportion Nachtisch. Verwöhntes Einzelkind! Aber ich muss ihn in dieser emotional fordernden Lebenslage ein wenig bei Laune halten. Schließlich muss er mich nun für eine lange Zeit ertragen. Genüsslich lehnt er sich nach getaner Arbeit zurück, presst Augen und Lippen zusammen und zieht die Schultern hoch. Die Verdauung findet ihren Abschluss. Anders ausgedrückt: was oben reinkommt, muss auch mal wieder raus. Ein tolles Lokal, aber leider ohne behindertengerechter Toilette. In 100 Metern Entfernung bietet sich ein Waldrand für einen zünftigen Windelwechsel geradezu an.

Weil er nun nicht mehr stillsitzen kann, trage ich meinen Kumpel zu einem abgelegenen Plätzchen ohne Publikumsverkehr. Nico, an dessen äußerem Erscheinungsbild der Dauerappetit nicht spurlos vorübergegangen ist, bringt immerhin 65 Kilo auf die Waage. Netto. Brutto addiert sich das noch mit dem leckeren Essen, plus zweimal Nachtisch. Das behagt meinen unteren Rückenwirbeln überhaupt nicht. Nicht ohne Grund fürchte ich seine magische Fähigkeit, Essen im Mund verschwinden und auf den Hüften wieder erscheinen zu lassen. Mit letzter Kraft lege ich den Kampfzwerg auf einem Rasenstück ab. Büx runter, feuchte Tücher raus und im Nu ist der Schaden behoben. Bei diesem Thema erweist sich die unvergessene Erkenntnis von Altkanzler Helmut Kohl als besonders zutreffend: „Wichtig ist, was hinten rauskommt." Neben mir hält ein Radfahrer an, der meine Bemühungen wohl mit Sorge beobachtet, die Situation verkannt hat und fragt, ob er einen Rettungswagen holen soll. Nein, nein – das wäre übertrieben. Die stabile Seitenlage dient lediglich der Reinigung sonst nicht zugänglicher Körperteile.

Inzwischen treffen Bärbel und Robert ein, nachdem sie bereits einige Male am Gasthof vorbeigefahren sind, ohne uns zu entdecken. Sie fahren uns wieder zurück zu unserem Ausgangspunkt, an dem die Autos stehen. Mit wunden Füßen, aber glücklich, erkläre ich die erste Etappe für beendet. 20 Kilometer sind nun Geschichte. Hurra!

Aber wie überlebe ich bloß die restlichen 1.080 Kilometer?

Nur wer bereit zu Aufbruch ist und Reise,
mag lähmender Gewöhnung sich entraffen.
Hermann Hesse

Inwendig warm, Tag 2
Nach Schleswig

Mit einem Lächeln immer auf großer Fahrt

Ich gucke nach links ..., ich gucke nach rechts ... Nix – keiner da!

Wir stehen startklar vor dem Rathaus von Sieverstedt. Ganz allein. Keine Politikerin, kein Behindertenbeauftragter weit und breit zu sehen. Dabei hatte ich doch alle angeschrieben und eingeladen, uns ein Stück des Weges zu begleiten. Na ja, vielleicht ist die Post verloren gegangen. Einige haben sich schließlich gemeldet und abgesagt:

„Ich bedaure es sehr, Ihre großartige Aktion nicht unterstützen zu können. Sie verstehen sicher, es ist Urlaubszeit und auch kein Vertreter verfügbar."

Schade, denke ich. Wer regiert denn nun dieses schöne Schleswig-Holstein? Und was soll aus den Menschen hier werden, wenn sie niemand regiert?

Auch der Hamburger Senat hat mir so ein nettes Schreiben zukommen lassen. Ausgerechnet das Ressort, das die Begriffe Inklusion und Teilhabe so fröhlich verwendet, teilte mir mit, es sei leider, leider niemand da.

Einige Adressaten haben uns dann wenigstens gutes Wetter gewünscht. Diese Wünsche gingen in Erfüllung. Zumindest bis jetzt. 30 Grad im Schatten! Nico ist gut drauf, ich bin voll fertig. „Diese Hitze tut so gut", sang Peter Maffay heute im Radio.

Alter! Hättest du damals einen Kampfzwerg 17 Kilometer durch die sengende Sonne geschoben, dann hättest du von deinem Hitzschlag erzählt oder über Halluzinationen gesungen! Der Asphalt ist regelrecht aufgeweicht. Die Luft ist flirrend heiß und schmerzt beim Einatmen. Aber Nico genießt die Wärme und das ist die Hauptsache. Ich erzähle ihm von der Schlei, die wir bald erreichen wollen. Er ist ein Seemann vor dem Herrn. Alles, was mit Wasser zu tun hat, erfreut sein kleines Herz. Stundenlang kann er an den Hamburger Landungsbrücken auf dem Poller sitzen und den Schiffen nachschauen. Sein Ururgroßvater ist als Schiffszimmermann zur See gefahren, hat Kap Hoorn umrundet. Diese Gene, diese Sehnsucht, nach Wasser und nach Weite, stecken sicher auch in ihm. Aber wie jeder Seemann ist auch er genügsam. Und so ist es ihm bereits genug, einfach mal das Badezimmer unter Wasser zu setzen.

In diesen Tagen bewegen wir uns auch im ehemaligen Lebensraum unserer Urahnen. Hier, im Gebiet der Schlei, liegen die Wurzeln unserer Familie. Nico teilt meine Sentimentalität weniger emotional. Ich stimme deshalb ein fröhliches Lied an, das ganz sicher schon unsere Urväter geträllert haben. Der Banause hält sich provokativ die Ohren zu. Die ungesungenen Lieder sind die schönsten, findet er wohl. Anscheinend wird ihm langweilig. In voller Fahrt reißt mein Master of Desaster plötzlich beide Bremshebel auf Stopp. Ich ramme mir den linken Rollstuhlgriff in die Magengrube. Mein Fluchen gefällt ihm. Vor lauter Freude bekommt er Schnappatmung.

Das lasse ich mir nicht bieten!

Ich fixiere die Hebel, so dass er sie nicht mehr bewegen kann. Dafür greift er nun ins Lenkrad. Die Firma „4ma 3ma“, die unseren Rolli gebaut hat, stellte uns freundlicherweise ein Zusatzrad mit einem Lenkhebel zur Verfügung. Damit wird der Rolli geländegängig und ist überaus leicht zu schieben. Ohne Mühe kann man geradeausfahren. Es sei denn, ein kleiner, bösartiger Zwerg reißt unerwartet den Lenker herum um dem Schiebepersonal die Grenzen aufzuzeigen. Pädagogische Einflussnahme ist so gut wie ausgeschlossen. Es bleibt mir nur, den Rollstuhl vorne etwas anzuheben. So vermeide ich den Sturz in die Büsche. Das geht allerdings auf die Arme, auf die Hüfte und auf die Bandscheiben. Letztere haben aber schon lange aufgegeben, sich zu beklagen. Braungebrannt erreichen wir nach Stunden das rettende Ufer der Schlei. Ich gucke nach links, ich gucke nach rechts, ein Empfangskomitee ist nicht in Sicht. Offen gestanden – ganz unglücklich bin ich über die fehlende Begrüßung nicht. So habe ich wenigstens Gelegenheit, meinen Rhythmus zu finden. Ich bin noch sehr verkrampft und einigermaßen froh, in Ruhe gelassen zu werden.

Gehen wir erst mal in den Schleswiger Dom und zünden eine Kerze an. Nico zeigt nämlich exzessive Tendenzen zur pathologischen Brandstiftung. Im Dom wollen wir auch einem Verwandten einen Besuch abstatten. Hauptpastor Otto Schnittger. Onkel Otto kann bei unserem Eintreffen nicht vor uns flüchten und behaupten, er sei nicht zuhause. Er liegt dort in einer Gruft und ist schon seit über hundert Jahren tot. Bleibt zu hoffen, dass er sich bei unserem Anblick nicht im Grabe umdrehen wird. Ein Gemälde mit seinem Konterfei hängt überlebensgroß an einem der Pfeiler im Kirchenschiff.

Ich schaffe es gerade noch zwei Bilder mit den beiden Schnittgers zu knipsen, aber meinen Pyromanen hält es nicht mehr im Familienbund, er befindet sich bereits auf dem Weg zum Feuer. Er zündet gleich drei Kerzen an, zu je einem Euro das Stück, und eine vierte noch hinterher. Viel hilft viel. Nach einem Moment der Besinnung – besinnen können wir uns ratz-fatz – gibt's noch ein wenig Kultur. Ich muss sagen, der Altar, vor dem wir sitzen, ist es in der Tat wert, ein Stündchen zu verweilen. Wir benötigen für den Kulturgenuss lediglich zwei Minuten.

Dennoch bin ich immer wieder überrascht, welchen Einfluss die Atmosphäre in einer Kirche auf meinen kleinen Kameraden ausübt. Vor vielen Jahren besuchten wir einmal eine katholische Kirche in Frankreich. Es war das erste Mal, dass ich mit Nico eine Kirche betreten hatte. Ich war sehr gespannt, aber auch etwas besorgt, wie er reagieren würde. Sein Temperament war mir ja durchaus bekannt. Mit lautem Juhu, was lautmalerisch bedeuten sollte – hier kommt Nico! – trat er ein und führte mich mit sicherem Instinkt zum Kerzentisch. Auf einer Bank saß eine alte Dame und betete. Ich sagte ihm, er möge etwas leiser sein.

„Das macht man nicht“, belehrte ich ihn. „Du bist hier nicht alleine!“

Von meiner Autorität unbeeindruckt, führte er mich mit wenigstens dezenterem Gejohle zu den Bänken, setzte sich und zog mich zu sich herunter. Schlagartig verstummt, lehnte er seinen Kopf an meine Schulter, legte seine kleine Hand in meine und betrachtete versunken den Altar mit dem Kreuz. Niemals zuvor habe ich ihn so andächtig erlebt. Ein seltsames Gefühl von Ergriffenheit machte sich bei mir breit. Gänsehaut überkam mich. Gab es hier noch etwas, dass ich nicht wusste und das er spürte?

Plötzlich stand die alte Dame vor uns. Sie fragte, ob sie Nico einmal küssen dürfe. Verwirrt und etwas überrascht stimmte ich zu. Sie nahm ihn in den Arm, drückte und küsste ihn. Ihr Sohn sei auch behindert, sagte sie mir. Der stand plötzlich neben ihr. Ein junger Mann, vielleicht Anfang 20. Er hatte ein unglaublich gütiges und liebevolles Gesicht, ein Engelsgesicht. Er sprach kein Wort, lächelte uns beide nur an. So, als wüsste er von unserem Leben, von meinen Sorgen und von meiner Traurigkeit, die mich manchmal überkommt. Es war, als würde ich meinen eigenen Sohn in einer fernen Zukunft vor mir sehen. So, wie er einmal aussehen, wie er sein würde. Lächelnd, liebevoll, irgendwie alles wissend.

Die Frau sagte, ihr Sohn heiße Christopher. Ich sagte: „Meiner auch! Nicola Christopher.“

Da nahmen wir uns in die Arme und weinten beide. Nachdem sie Nico noch einmal über das Gesicht streichelte, gingen beide fort. Ich sah ihren beiden Silhouetten durch das gleißende Licht der geöffneten Kirchentür hinterher. Diese sentimentale und spirituelle Begegnung werde ich niemals mehr vergessen. Sie ist mir unauslöschlich im Gedächtnis haften geblieben.

Wir gehen zum Hafen hinunter. Ich spendiere eine Mörderwaffel mit heißen Kirschen und leckeres dänisches Eis für den kleinen Gourmet. Die anschließende, obligatorische Rundfahrt mit einem alten Dampfschiff bedient nicht nur die

Abenteuerlust von Mr. Wichtig, sondern verschafft mir auch eine kleine Verschnaufpause.

Mein Käpt'n steht an der Reling und ist mit einem Lächeln wieder auf großer Fahrt.

Die zweite Runde ist geschafft!

Inwendig warm, Tag 3
Nach Rendsburg

Inwendig warm

Es ist Sonntag und ausnahmsweise Wandertag. Denn die nächsten Sonntage werden wanderfrei sein. Sonntags wollen wir uns ausruhen. Sonntags bringen wir unser Basislager in die nächste Wanderregion. Unser Basislager ist ein alter Wohnwagen. Sonntags lassen wir über Facebook andere pflegende Angehörige, Mitglieder des Vereins „wir pflegen", die ihre Lebenssituation schildern möchten, zu Wort kommen.

Die Logistik ist für diese Aktion ein hartes Stück Arbeit. Deutschland ist ja schon öfter durchwandert worden. Mit Geld, ohne Geld. Mit Hund oder ohne Hund. Aber, da ich bin sicher, noch nie mit drei Kartons Windeln im Gepäck.

Das Problem der Übernachtung hat sich bei unseren vorangegangenen Wanderungen immer als schwierig herausgestellt. Einmal haben wir bei Hannover in einem Kloster um Asyl gebeten. Eine kleine Ecke, zwei oder drei Quadratmeter, mehr wollten wir gar nicht für unsere Schlafsäcke. Aber leider war in dem ganzen Kloster nicht ein einziges freies Plätzchen. Gastfreundschaft ist hierzulande eine eher seltene Tugend. Hunderttausende Flüchtlinge werden das bestätigen können. Aber bei Bethel, da war Platz! Unglücklicherweise hatten sie die falsche Versicherungspolice. „Leider, leider" durften wir dort unseren Schlafsack aus versicherungstechnischen Gründen nicht ausbreiten. Es musste also für diese lange Wanderung eine Unterkunft gefunden werden, um Nico eine angemessene Übernachtungsmöglichkeit sicherzustellen.

Die Katarina-Witt-Stiftung hat es uns mit einer großzügigen Spende ermöglicht, einen gebrauchten Wohnwagen anzuschaffen. Nun haben wir auch einen ausgezeichneten Ort, um das Windelproblem zu lösen, und wir haben eine Bleibe für die Nacht. Was bleibt, ist die Herausforderung, nach getaner Arbeit ins Basislager zurückzukehren. Ich schweife ab: Es ist noch immer Sonntag und 30 Kilometer liegen vor uns.

Ich gucke nach links, ich gucke nach ..., na, das kennen wir doch schon. Es gab mal einen Bundespräsidenten, der ist auch immer gewandert. Ach, der wäre sicher auch nicht mitgekommen. Gestern habe ich noch eine Absage von Winfried Kretschmann, dem grünen Ministerpräsidenten von Baden-Württemberg, bekommen. „Leider, leider ..." Das war vielleicht auch bisschen hoch aufgehängt. Aber sein Vertreter hätte doch, oder der Vertreter vom Vertreter. Ich denke, es liegt einfach am Thema Pflege und Behinderung. Niemand will das ernsthaft aufgreifen. Denn Pflege, menschenwürdige Pflege, kostet Geld. Und Geld benötigen wir nun mal für andere dringende Projekte. Für Flughäfen, die nicht öffnen, Musikhäuser, die nicht spielen, Drohnen, die nicht fliegen. Ach ja, Herr Kretschmann, Bahnhöfe hätte ich beinahe noch vergessen.

Nun starten wir aber erst einmal. Niemand da? Na gut! Eigentlich laufen wir ja immer von Rathaus zu Rathaus. Aber wenn keiner guckt, dann ändern wir das einfach und laufen von Eisdiele zu Eisdiele. Nico ist von der Planänderung begeistert. Oh, das wird eine teure Etappe. Ich komme heute nicht so richtig in die Gänge. Irgendjemand muss mir K.o.-Tropfen in den Morgenkaffee gegossen haben. Heute findet die Entdeckung der Langsamkeit statt. Kalter Lappen im Nacken, Füße, schwer wie Blei, schleppen wir uns von Erdbeerbecher zu Erdbeerbecher. Jede Bewegung ist zu viel. Nun schlägt Nico sich auf die Schenkel. Weil ich nicht reagiere, ergreift er meine Hand und führt sie Richtung Popo. Okay, habe ich verstanden. Boxenstopp! Allerdings nicht zum Reifen wechseln. Verantwortliche Hundebesitzer kennen das und haben immer eine Tüte dabei. Ich auch. Meine ist allerdings ein bisschen größer. Eine Hundetüte XXL.

Endlich erreichen wir Rendsburg. Als die erste Eisdiele in Sicht kommt, bricht vor mir Jubelgeschrei aus. Der kleine Gierlappen dreht hektisch an seinen Rädern, um schneller an die Schlagsahne zu kommen. Während er genüsslich die Kaltspeise in sich hineinlöffelt, sacke ich auf meinem Stuhl erschöpft zusammen.

Tag 3 ist vollbracht!

Inwendig warm, Tag 4
Nach Jevenstedt
So platt, wie das Land

Ich behaupte, dass ich in der Phase des Aufwachens intuitiv einen guten Tag erkennen kann. Wenn ich nämlich morgens, nach einer anstrengenden Nacht, verschlafen die Lider öffne, aussehe wie die Kreuzung eines Pandas mit einem Panzerknacker und mich strahlen bereits die Augen meines Nachtgefährten an, begleitet von einem leisen, hinterhältigen Kichern, dann weiß ich, es wird anstrengend. Ich hasse es, nach ihm wach zu werden! Ich brauche morgens immer ein Viertelstündchen der Besinnung, in Ruhe Kaffee kochen. Und den möchte ich auch gern in Ruhe trinken, um ganz gemütlich auf Betriebstemperatur zu kommen.

Monsieur 100.000 Volt bläst bereits zur Attacke. Ich haste mit der Zahnbürste im Mund, nur ein Bein in der Hose, hinkend aus dem Bad zurück zum Schlafbereich. Das gemeine Gelächter von Krawallski hört sich nach Chaos an. Ich kenne dieses Lachen zur Genüge: Gardinen abgehängt, DVD-Player aus dem Fenster geworfen, die Lampe abgerissen, natürlich mit Halterung … Okay, diesmal hat dieser Bengel nur Licht angemacht. Das kann ich, der Freizeitpädagoge, straffrei durchgehen lassen.

Von sicher wohlgemeinten Ratschlägen bitte ich abzusehen. Mr. Doubletrouble kann in seiner Vita bereits auf einen beeindruckenden Verschleiß an Erziehungspersonal und Verhaltenspsychologen zurückblicken. Einige von ihnen sollen inzwischen sehr zurückgezogen und resigniert in den Höhlen von La Gomera leben, erzählt man sich. Heute sind wir nicht allein. Die Landeszeitung hat sich angemeldet. Herr Trittmaack, ein sympathischer Redakteur, wird uns auf den ersten Kilometern begleiten. Wir kommen gut ins Gespräch. Auch er hat einschlägige Erfahrungen im familiären Umfeld und weiß, was es bedeutet, einen Familienangehörigen zu betreuen. Sein Vater ist seit kurzem ein Pflegefall. Es wird mal wieder deutlich, dass

Pflege alle Menschen angeht. Irgendwann im Leben wird die Mutter krank, der Vater, die Oma. Dann wird man mit dem Thema konfrontiert und muss sich entscheiden – Pflegeheim oder selber pflegen. Wir sind alle Betroffene. Auch, wer es heute nicht wahrhaben will, wird der Betroffene von morgen sein.

Möchte man die Mutter aber nicht in einem Pflegeheim unterbringen, sie lieber zu Hause versorgen und kann man dann seinen Beruf nicht mehr ausüben, bleibt nur noch der Weg ins Jobcenter. Gleichbedeutend mit Hartz IV, also künftig 4,60 € für Frühstück, Mittag und Abendessen. Also zusammengenommen, für den ganzen Tag, um keine Missverständnisse aufkommen zu lassen. Wer jemals in einem Restaurant gegessen hat, wird möglicherweise sagen: „Uih, das ist aber knapp!" Hartz IV bedeutet: Rentenkürzungen, Androhungen von Sanktionen, gesellschaftliche Isolierung, fehlende Wertschätzung – um nur ein paar Aspekte zu nennen. Dafür aber immer als Last und faule Socke in der Bildzeitung, manchmal sogar auf der Titelseite erwähnt. Das ist der Preis für Menschlichkeit. Es ist einfach so: die Würde des Menschen ist vom Geldbeutel abhängig.

Wir unterqueren den Nord-Ostsee-Kanal. Es gibt einen großen Fußgängertunnel, der unter dem Kanal hindurchführt. Tunnel findet Nico immer lustig. „Haaallloooo, Niiiico kommt", dröhne ich durch den gekachelten Untergang und Nico bestätigt meine Drohung mit lautem Gelächter. Während sich Nico amüsiert, schildere ich Herrn Trittmaack unsere Erfahrungen aus dem Leben eines Hilfeempfängers mit Behörden, Krankenkasse und wie alles begann, mit diesem ganz realen Irrsinn:

„Was wollen Sie?"

Das war die fröhliche Begrüßung einer netten Dame vom Sozialamt Hamburg Wandsbek auf mein schüchternes „Guten Morgen".

Ich hatte einen Kloß im Hals und Herzklopfen.

„Ich …, ähm … ich", stotterte ich – „also, mein vierjähriger Sohn ist behindert. Mehrfach schwerstbehindert. Bisher habe ich mich mit seiner Mutter im Wechsel um seine Pflege und um seine Betreuung gekümmert. Aber nun ist seine Mutter schon seit mehreren Wochen im Krankenhaus. Sie ist sehr schwer erkrankt. Es ist das Schlimmste zu befürchten. Vermutlich wird sie auch noch viele Wochen in der Reha bleiben müssen. Die ständige Sorge um unseren Sohn, der Kampf mit Behörden, Suche nach Therapiemöglichkeiten und die Belastung im Beruf haben sie krank gemacht. Ich bin eigentlich freiberuflicher Fotograf. Aber nun bekomme ich wegen der aufwändigen Betreuung Job und Pflege nicht mehr unter einen Hut. Also konkret: Ich bekomme die Miete und den Lebensunterhalt für uns nicht mehr zusammen."

„Und was wollen Sie jetzt von uns?"

„Ja, also – ich wollte, ich möchte einen Antrag auf Unterstützung stellen. Ich bin doch hier richtig, beim Sozialamt, oder?"

„Wir werden das sehr genau prüfen, verlassen Sie sich darauf! Und wir werden Sie massiv auffordern, einen festen Arbeitsplatz zu suchen. Wenn Sie freiberuflich nicht in der Lage sind für Ihren Lebensunterhalt zu sorgen, dann müssen Sie eben arbeiten gehen!"

Das war der Beginn einer wunderbaren Freundschaft!

Bedauerlicherweise wurde ich auf Ebay beim Ersteigern einer Voodoo-Puppe überboten. Diese Begegnung der dritten Art hat mich dem Grunde nach bis zum heutigen Tag geprägt und traumatisiert. Mein, zugegebenermaßen, naives Weltbild von einer zumindest im Ansatz menschlichen und solidarischen Behördenstruktur bekam die ersten Risse. Denn die Forderungen des Amtes gingen ein wenig am Problem vorbei. Man könnte auch sagen: voll daneben! Arbeiten kann ich auch freiberuflich. Ich hätte genug zu tun. Ich bin, wenn ich das mal sagen darf, sogar sehr erfolgreich. Ich habe viele Promis vor der Kamera gehabt. Leute wie Udo Jürgens, Peter Maffay, Elton John, Tom Hanks, Iris Berben, Inge Meysel – ich habe sie alle gehabt! Jetzt geht das aber nicht mehr. Die Betreuung meines Sohnes ist sehr aufwändig. Fast jeden Tag eine Therapie, Nico war auch bereits zwei Wochen im Universitätskrankenhaus, seine Behinderung muss genau untersucht werden. Komplizierte Verfahren wie MRT, Computertomografie, das alles muss durchgeführt werden. Dabei kann ich ihn doch nicht allein lassen. Überdies bin ich auch in großer Sorge seinetwegen. Vielleicht hatte ich vergessen zu erwähnen: Er ist behindert! Arbeiten UND gleichzeitig pflegen ist, zumindest derzeit, unvereinbar.

Eine halbe Stunde später, nach eingehender, sehr gründlicher Prüfung meiner Unterlagen, fand ich mich in einer langen Schlange vor der Amtskasse mit einer Auszahlungsanordnung wieder. Die ersten Monate bekam ich die Leistungen noch in die hohle Hand geschüttet. So konnte ich die Demütigungen wenigstens ganz besonders und körperlich erfahren. Der junge Mann, der vor mir in der Schlange steht, dreht sich plötzlich um. Oh, den kenne ich doch. Auch das noch!

„Alter! Was machst Du denn hier?“, fragt er mich. „Ich – äh ... ich muss meinen Ausweis verlängern und will mir paar Wertmarken kaufen.“ Puh! Bloß nicht zugeben, dass ich nun Sozialhilfeempfänger bin.

Dann kam auch der erste schriftliche Bescheid. Er begann mit der erfrischenden Einleitung: „Bevor Sie der Allgemeinheit zur Last fallen, ...“ Dann folgte ein Aufgabenkatalog: drei- bis viermal in der Woche eine Bewerbung schreiben und dem Amt vorlegen, dreimal im Monat selbst Inserate aufgeben, beim Arbeitsamt zur Vermittlung vorstellen, berufsfremde Arbeit aufnehmen, Nachtarbeit sowie auswärtige Arbeitsstellen in einem Radius bis etwa 150 Kilometer akzeptieren. Andernfalls drohte 60 % Reduzierung der Sozialhilfe. Dass es nach der Diagnose „Behinderung“ zunächst galt, aus dem tiefen Loch, in das man gestürzt war, herauszuklettern, viele Arzttermine wahrzunehmen, frühfördernde Maßnahmen zu ergreifen, deren Möglichkeiten man sich selbstverständlich und zeitaufwändig selbst erarbeiten muss, war nur schwer vermittelbar. Konkret: gar nicht. Ich sollte mich nun neben der Pflege intensiv um einen Arbeitsplatz bemühen. Ganz besonders sollte ich auch ausbildungsfremde Arbeit in Erwägung ziehen. Also bewarb ich mich bei der Lufthansa als Flugkapitän, bei der Bahn, ich bin ja ein Junge, als Lokführer, in einem Krankenhaus auf einen Chefarztposten usw. Ich hatte nämlich überhaupt keine Idee, welche reale Arbeit ich neben der Betreuung und der Sorge für Nico aufnehmen könnte. Jedoch verspürte ich bereits damals schon eine dezente Neigung zur Rebellion. Wenngleich zum damaligen Zeitpunkt mit stark eingeschränktem Selbstbewusstsein (ich lag ja der Allgemeinheit auf der Tasche) und ich war in ständiger Sorge, wegen Einstellung der Leistungsbezüge, meine Wohnung zu verlieren.

Die unsinnigen Bewerbungen beeindruckten meine „Freundin" vom Sozialamt wenig. Beanstandet hat sie allerdings mein Postskriptum in den Bewerbungen. Das stieß ihr böse auf:

„PS: Ich vergaß: Ich habe einen schwerstbehinderten Sohn. Unter Umständen könnten gegebenenfalls die zahlreichen Arztbesuche, die Therapien, seine Befindlichkeiten, die Krampfanfälle möglicherweise zu Einschränkungen meiner Arbeitsfähigkeit führen. Das verstehen Sie sicher."

Auf die problematische häusliche Situation hinzuweisen, das ging ja nun gar nicht. So bekäme ich ja nie einen Job. Ich wurde dann mündlich aufgefordert, derartige Aussagen zu unterlassen. Zu meinem Bedauern wollte man mir allerdings nicht schriftlich geben, dass ich meinen künftigen Arbeitgeber hinters Licht führen sollte.

„Wie lange soll das jetzt so weitergehen?", fragte mich einmal mein neuer Freund, der Sozialamtsabteilungsleiter. „Wollen Sie sich in die soziale Hängematte legen? Haben Sie schon mal an Ihre Rente gedacht? Was ist eigentlich mit der Mutter? Sie haben hier ein Attest vorgelegt, die Mutter sei erkrankt. Da steht gar keine Diagnose drin. So können wir Ihren Anspruch auch gar nicht prüfen. Es ist vom Gesetzgeber nun mal nicht vorgesehen, dass sich ein nichtehelicher Vater um sein Kind kümmert".

Ich gebe gern zu, wenn man mit der Kindesmutter nicht verheiratet ist, nicht einmal in einem gemeinsamen Haushalt lebt, das ist schon eine besondere Herausforderung für eine Behörde, deren Fokus auf Paragrafen, aber nicht auf Menschen ausgerichtet ist. Eine schöne Ausrichtung wäre auch die Orientierung auf Kinder. Besonders dann, wenn sie auch noch behindert sind.

„Bitte wenden Sie sich doch an die behandelnde Ärztin", schlug ich vor.

„Die gibt uns doch keine Auskunft", und seine Stimme wurde lauter. Ich dachte aber nicht daran, ihm dabei behilflich zu sein, die ärztliche Schweigepflicht auszuhebeln. Ist es denn wichtig zu wissen, ob die Betreuung magendarmtechnisch oder eher stoffwechselbedingt nicht geleistet werden kann? Und wieso eigentlich immer die Mütter? Hat ein Vater keine Pflicht? Muss man es also so sehen, dass ein Sozialamt mit allen ihm zur Verfügung stehenden Möglichkeiten versucht, zu verhindern, dass ein Vater seinen (moralischen) Pflichten nachkommt? Deshalb wurde mir nun aufgetragen, zusätzlich zu den Bewerbungen, ein Pflegetagebuch zu führen. Jeder Pups in die Windel sollte nun dokumentiert werden. Mit Tag und Uhrzeit. Denn Strafe muss schließlich sein.

Herr Trittmaack schüttelt immer nur mit dem Kopf. Aus eigenen Erfahrungen, wegen der Pflege seines Vaters, weiß er, dass er sich um meine seelische Befindlichkeit keine Sorgen machen muss. Denn ich leide nicht an paranoiden Wahnvorstellungen. Es ist tatsächlich so.

Am nächsten Tag erscheint sein Artikel in der Landeszeitung. „Hoffnung und Lachen treiben ihn an" titelt er und beschreibt eindrucksvoll die Pflege in Deutschland. Genau so habe ich mir es vorgestellt.

Wir bleiben noch ein Weilchen am Kanal. Nico, der große Seemann, muss unbedingt noch einigen Kollegen auf vorbeifahrenden Schiffen zuwinken. Auf dem steilen Weg hinunter zum Wasser meldet sich plötzlich Radio Schleswig-Holstein und möchte ein Interview übers Telefon mit uns senden. Ich bin bereits auf Sendung. Mit einer Hand am Rollstuhl, der anderen am Handy, rausche ich in voller Schussfahrt keuchend nach unten und kann nur mühsam den Sturz in den Kanal verhindern. Es hört es sich wohl an, als ob so ein alter Sack mit schwerem Asthma und Bronchialkatarrh, kurzatmig, aber meckernd, durch die Republik zieht.

Endlich erreichen wir in der glühenden Hitze Jevenstedt. Es waren nur läppische 10 Kilometer. Eigentlich Kindergeburtstag. Trotzdem bin ich völlig fertig. Im Fenster einer Fleischerei betrachte ich mein Spiegelbild und stelle besorgt fest, dass ich meine Gesichtszüge nicht mehr unter Kontrolle habe. Am späten Nachmittag erreichen wir, kurz vor dem Hitzschlag, unser Basislager in Erfde. Ein guter Freund von Robert hat uns dort sein Haus zur Verfügung gestellt. Den Wohnwagen durfte ich in den Garten stellen. Was für ein Luxus. Der Himmel meint es gut mit uns, denn keine 500 Meter entfernt befindet sich ein Freibad, wo wir unsere müden und vor allem heißen Wanderknochen erfrischen können. Nach dem Bad spielt Nico noch ein Weilchen in der Sandkiste. Ich blicke nun schon auf eine 18 Jahre währende Sandkastenkarriere zurück. Nicos Kollegen aus früheren Zeiten haben längst ihre Schaufeln und Eimerchen gegen ein Smartphone vertauscht. Haben Abi oder studieren bereits. Wir dagegen haben Eimerchen und Schaufelchen 20 Punkt Null. Mein kleiner Junge siebt unermüdlich den Sand und schaufelt ihn von links nach rechts. Dass auf den einschlägigen Spielplätzen Mütter von Sandkastenmädchen besonders auf Väter von Sandkastenjungen abfahren, wird allerdings stark überschätzt. Diese Baggermatschbeziehungen sind inzwischen Geschichte. Das ist schon lange her und heutzutage raffen sich nur noch Großmütter auf, einen Plausch mit mir zu führen. Die Mütter sind nun selber nicht älter, als mein Sohn. Die Zeiten ändern sich. So ist das eben, mein kleiner Kamerad. Aber du bist glücklich in deiner Sandkiste. Das ist die Hauptsache und das allein zählt!

Inwendig warm, Tag 5
Nach Aukrug

Asphaltcowboys

Im Anfang war, nein, nicht das Wort, sondern das Ausschau halten. Links, rechts ... nix. Kein Politiker, keine Behindertenbeauftragte weit und breit. Aber ich bin nicht einmal böse. Die Sonne brennt mal wieder erbarmungslos auf uns arme Wandergesellen herab. Die Strecke bietet außer heißem Asphalt nichts Atemberaubendes. So können wir langsam vor uns hin stöhnen. Das heißt, ich stöhne. Mein Klappskalli kreischt eher fröhlich vor sich hin und lässt sich genüsslich über den Radwanderweg schieben. Mir zerschmilzt es das Gehirn. Böse Zungen behaupten ja ..., lassen wir das.

13 Uhr. Mr. Doubletrouble kneift die Augen zu kleinen Schlitzen und haut auf den Po. Soll heißen: Mach mal eine Inspektion meiner Windel. Wieder Boxenstopp. Eine Wiese bietet sich für den fälligen Einlagenwechsel an. Im strahlenden Sonnenschein erledigen wir das Geschäft. Positiv denken. Wenn dir ein kleiner Piepmatz auf die Schulter kleckert, dann sei froh, dass Kühe nicht fliegen können. Besser, als im strömenden Regen, auch wenn mich die Hitze fertig macht.

Ich mache einen schwerwiegenden und unverzeihlichen, taktischen Fehler: Ich erzähle von der nächsten Eisdiele mit dem leckersten Erdbeereisbecher, den diese Region zu bieten hat. Die Folge: Dauergekreische. Soll heißen: „Schieb zu, Pabba." Es dröhnt in meinen Ohren! Noch ein paar Jahre, dann wird sich die Gnade der Altersschwerhörigkeit meiner erbarmen. Dann würde ich einfach mein Hörgerät leise stellen und weise in mich hinein schmunzeln. Aber nun muss ich es noch ertragen. Ein Höllenlärm mit einer Frequenz, die Erdbeereisbecher zersplittern lässt.

Es gab mal eine Lehrerin, die, wenn ich Nico abgeholt habe, erschöpft, mit Chamäleonblick und Föhnfrisur an ihrem Pult saß und, nicht mehr ansprechbar, nur noch vor sich hin lächelte. Wir haben uns nie gut verstanden. Aber ich weiß, was sie durchgemacht hat, die Arme.

Ich trällere das schöne Lied von Reinhard Mey – „keine ruhige Minute [...] bis ich hundert Jahre bin.“ Ich mochte das Lied damals. Dass es mich mal so hart erwischen würde, hätte ich mir nicht träumen lassen. Na ja, die paar Jahre überstehe ich auch noch. Ist ja nicht mehr so lange hin!

Ich denke noch an das nette Gespräch mit Herrn Trittmaak. Heute halte ich seinen Artikel über die Pflegesituation in der Hand. Die Gedanken schweifen wieder ab. Ich muss wieder an dieses dämliche Pflegetagebuch denken.

Stündlich sollte ich die Pflegetätigkeiten dokumentieren. Ich füllte es sehr gewissenhaft aus. Inzwischen war auch meine Mutter zum Pflegefall geworden. Schlimmer geht immer.

Sie war dementiell erkrankt und völlig hilflos. Heute, wo das Thema Demenz in aller Munde ist, lautet die Beschreibung „erhebliche Einschränkung der Alltagskompetenz“. Bei meiner Mutter stellte es sich so dar: Sie war vollständig erblindet und zu 100 % inkontinent. Und das betraf nicht nur ihre Blase. Verschärfend kam hinzu, dass sie externer Hilfe, freundlich ausgedrückt, etwas kritisch gegenüberstand. Im Grunde war eine Heimunterbringung in einer psychiatrischen Einrichtung unumgänglich. Aber wer lässt seine eigene Mutter schon gern in einer Zwangsjacke abführen?

Aus Furcht, man würde sie gewaltsam einweisen, backte ich gegenüber der Behörde kleine Brötchen und führte brav mein Pflegetagebuch. Heute, nach den vielen Erfahrungen, wäre ich sehr gelassener. Damals hatte ich neben der Sorge um meinen Sohn auch noch die extremen Existenzängste. Ständig

hatte ich voller Sorge die stets angedrohte Leistungskürzung vor Augen. Das Sozialamt gab sich auch redlich Mühe, diese Ängste aufrechtzuerhalten. Es dauerte sehr lange, bis ich zu meinem Selbstwertgefühl und zu meinem verloren gegangenen Selbstvertrauen zurückfand.

Heute würde ich das Pflegeprotokoll, wenn überhaupt, viel cooler kommentieren: 03:00 Uhr, Windeln gewechselt. Erst beim Sohn, anschließend auch bei der Mama. Bett gewechselt, war kontaminiert, um es fröhlich auszudrücken. Beweis? Gern doch! Windeln lochen, abheften, zustellen. Wollen Sie die Bettwäsche auch sehen?

Ausgezehrt und ausgelaugt erreichen wir – nein, nicht wir – Ich! – unser Ziel. Der Kampfzwerg ist nicht ausgelaugt, sondern gut drauf. Nur ein bisschen heiser vom vielen Lachen. Er hält Ausschau nach Eisdiele, einer amerikanischen Fastfoodkette, einer Kneipe, egal – irgendwas zum Einkehren. Zunächst führt unser Weg aber in die Dorfapotheke. Ich habe meinen Kollegen immer sorgfältig eingecremt. Knie, Arme, Gesicht. Nur die Lippen hat sein Rabenvater vergessen. Und, auch weil Kuddeldaddeldu ein Sabberproblem hat, schlägt die Unterlippe nun leichte Wellen.

Für die nächsten drei Tage gibt's zur Behandlung Eisbecher auf Rezept, morgens, mittags, abends. Auf Befragen des Apothekers nach den Nebenwirkungen bestehen allerdings ernsthafte Gefahren der ultimativen Expansion seines noch erträglichen Körperumfanges.

Nicos Mama geleitet uns mit lediglich einer hochgezogenen Augenbraue zurück ins Basislager.

Inwendig warm, Tag 6
Nach Bad Bramstedt

Soll knacken und knirschen

Hurra! Der Himmel meint es gut mit uns und hat uns ein paar Wolken geschickt. Das wirkt sich nicht nur auf unser seelisches Befinden, sondern auch besonders auf die Reisekasse aus: Die Anzahl der Eisbecher wird mit sofortiger Wirkung gekürzt. Nico jubelt auch. Nicht wegen dieser Entscheidung. Das sage ich ihm natürlich nicht. Ich bin doch nicht blöd. Aber auch er kommt mit ein paar Temperaturgraden weniger besser klar. Wir gucken heute auch weder nach links noch nach rechts. Wir haben inzwischen so viele Beteiligungsangebote aus anderen Städten, dass wir darauf pfeifen können, wenn uns hier niemand begleitet. Und so pfeife ich dann ein fröhliches Lied. Nico hält sich mal wieder die Ohren zu. Auch diese unhöfliche Geste wird sich ungünstig auf den Umsatz seiner Süßspeisen auswirken. Meine Selbstgespräche werden inzwischen immer einfallsloser. Hatte ich mir das nicht gestern schon erzählt?

Die Reise verläuft ziemlich ereignislos. Nicht einmal ein Boxenstopp ist fällig. So kann ich es gar nicht verhindern, dass meine Gedanken mal wieder um meine besonderen Freunde, die Mitarbeiter im Sozialamt, kreisen. Insgeheim suche ich wohl noch immer nach einer Rechtfertigung für unser Abenteuer.

Es gibt immer ein erstes Mal, das im Gedächtnis haften bleibt: die erste Liebe, der erste Kuss. In meiner Sozialbiografie kamen dann auch noch der erste Widerspruch und die erste Beschwerde hinzu. Ich war gerade von einer Vater-Kind-Kur zurückgekehrt. Selbstverständlich hatte ich dem Amt meine Abwesenheit mitgeteilt. Daraufhin wurden alle Leistungen mit sofortiger Wirkung eingestellt. Während der Kur gab es ja immer leckeres Essen und einen heißen Tee für die Nacht. Weitere Zuwendungen brauchte ich schließlich nicht. Allerdings, das muss ich eingestehen, bekam ich nach ein paar Tagen für Nico und für mich ein kleines Taschengeld in Höhe von 40 DM ausgezahlt. (damals gab es noch keinen Euro) Damit es die anderen Kurgäste nicht mitbekommen, passte die Klinikleiterin mich auf dem Parkplatz ab. Eine konspirative Übergabe sozusagen.

„Ich habe von Ihrem Sozialamt eine Geldanweisung erhalten. Muss ja nicht jeder hier wissen“, entschuldigte sie sich. „Ist mir peinlich, aber ich habe nur Silbergeld in der Kasse.“ Woraufhin sie mir 40 einzelne Markstücke, also eine Mark pro Tag und Person für die kommenden drei Wochen in die hohle Hand schüttete. „Muss Ihnen nicht peinlich sein“, beruhigte ich sie. „Entwürdigungen von Amtswegen bin ich doch inzwischen gewohnt.“ Auch, dass der Datenschutz, für Leute wie mich, keine Gültigkeit hat.

Nun war ich wieder zuhause und fand eine Mahnung meines Vermieters wegen fehlender Mietzahlung im Briefkasten. Mein Konto war nicht gedeckt. Das Sozialamt meinte wohl, ich hatte ja drei Wochen lang ein schönes Dach über dem Kopf und deshalb keine Miete überwiesen. Zwei Dächer braucht nun wirklich kein Mensch.

Endlich wurde ich zum ersten Mal so richtig wütend. Ich schrieb meinen ersten pampigen Brief.

> „Die Vernunft kann sich mit größerer Wucht dem Bösen entgegenstellen, wenn der Zorn ihr dienstbar zur Hand geht.“

Ein, wie ich finde, wunderschönes Zitat eines Papstes namens Gregor. Tatsächlich können sogar Päpste zitierfähig sein. Um in diesem Genre zu bleiben – aus dem übellaunigen Saulus soll ja ein menschenfreundlicher Paulus geworden sein. Bei mir war es umgekehrt: Ich war früher ein freundlicher junger Mann und bin nun eine richtige Schweinebacke geworden, die sich über alles und jeden beschwert. Na gut, das ist ein wenig übertrieben – mit dem „jungen Mann“!

Ich stellte fest, dass sich diese Umstellung sehr günstig auf meine seelische Robustheit auswirkte. Das wurde nun zu meinem Markenzeichen: pampige, launige und flapsige Briefe.

Mein persönliches und probates Mittel, mich vor Burnout und Depressionen zu bewahren. Immer ein bisschen Sand ins Getriebe streuen und sich daran erfreuen, wenn es knackt und knirscht.

„Wenn Dir was weh tut, dann musst Du schreien!“
Konstantin Wecker

Weil er seine väterlichen Rechte beschädigt sah, hatte sich der als etwas exzentrisch bekannte Schauspieler Matthieu Carrière deshalb vor dem Bundesjustizministerium an ein Kreuz binden lassen. Das fand ich nun doch leicht überzogen, so weit wollte ich es nicht kommen lassen.

Unser Zielort kommt in Sicht und reißt mich aus meinen Gedanken. Don Krawallo, der die letzten beiden Stunden dösend in seinem fahrbaren Untersatz verbrachte, ist schlagartig wieder fit und sucht aufgeregt nach einer Möglichkeit zum Einkehren. Nach einer Stärkung von Leib und Seele mit viel Schlagsahne bringt Bärbel uns wieder zurück zum Auto, um zum Basislager zurückzukehren. Heute ist der große Tag, an dem wir unser Einfamilienhaus wieder an das Auto hängen. Von Nadine Lange, der Vorsitzenden vom Sportverein Henstedt-Ulzburg, erhielten wir die Möglichkeit, den Wohnwagen im dortigen Freizeitbad abzustellen. Nach zweistündiger Juckelei über Landstraßen und Autobahn treffen wir in Henstedt-Ulzburg ein und werden von einem reizenden Journalisten-Ehepaar in Empfang genommen. Sie nehmen sich viel Zeit für Fotos und Interview. Bereits im Vorwege hatten die beiden im Norderstedter Wochenblatt einen Artikel über unsere Wanderung verfasst, der auf der ersten Seite platziert wurde.

Weil uns der Trubel im Bad nach unseren einsamen Spaziergängen nun doch zu viel wird, hänge ich den Wohnwagen ab und wir fahren einfach nach Hause. Denn nun sind wir nur noch ein paar Kilometer von unserem Wohnort in Hamburg entfernt.

Inwendig warm, Tag 7
Nach Henstedt-Ulzburg

Die Bauchtanztruppe aus der Ulzburggruppe

Planänderung. Wir verschieben den Start aus gegebenem Anlass vom Rathaus zur Eisdiele. Es gibt nämlich wieder keine Begleitung. Ungeachtet der ernsthaften Gefahr, dass bei der schlagartigen Aufnahme von 1200 Kalorien das zulässige Zuladungsgewicht des Rollstuhles überschritten werden könnte. Noch ist alles im grünen Bereich, aber langfristig sollten wir mal auf Süßspeisen aus Brokkoli oder Brennnessel ausweichen. Die nette Kellnerin, so hübsch kann kein Bürgermeister sein, wünscht uns zum Abschied noch einen guten Tag. Und es soll ein guter Tag werden. Der Asphalt ist zwar heiß und die Sonne knallt noch immer erbarmungslos auf uns herab, aber die Vorfreude auf den bevorstehenden Empfang lässt uns diese Tortur gelassen ertragen.

Ich habe das Programm gelesen, dass uns in Henstedt-Ulzburg erwartet. Nadine muss wochenlange Vorbereitungen getroffen haben. Ich habe Nadine auf der Hauptversammlung des Vereins „wir pflegen“ kennengelernt. Sie war sofort begeistert, als ich von unserer Wanderaktion berichtet habe. Und nun hat sie getan und gemacht.

Aber ein paar Kilometer müssen wir uns noch die Füße vertreten. Ich erzähle Nico ein bisschen von der Welt, den Frauen. Wir streiten uns (ich darf mal wieder nicht singen). Oh, diese Sonne! Heute Morgen sang Peter Maffay schon wieder im Radio „Sonne in der Nacht“. Der will mich anscheinend ärgern. Willst du mich fertig machen, Peter? Mir reicht sie am Tage. Noch so’n Lied und ich lade dich mal ein: Kampfzwerg schieben mit Sonne am Tag!

Wir wollen uns mit Nadine an der Ortsgrenze treffen. Aber ganz in Gedanken versunken, laufe ich viel zu weit. Nadine kommt uns bereits auf dem Fahrrad entgegen. Im Anhänger sitzen ihre beiden süßen Kinder, die uns fröhlich begrüßen.

Nun müssen wir aber umkehren, weil der Treffpunkt eben an der Grenze ist und viele Teilnehmer dorthin kommen werden. Zurück gehen, wenn man fast 1000 Kilometer vor sich hat, das tut echt weh.

Von weitem sehen wir schon das Begrüßungskomitee. Nico ist außer Rand und Band. Ganz besonders freut er sich über eine Gruppe junger Mädchen, die auf ihren Einrädern eintrudeln. Gemeinsam wandern wir zum Rathaus. Nico kriegt sich nicht mehr ein. Vielleicht hofft er insgeheim, dass die Mädchen auf ihren Einrädern ins Schlingern geraten. Er neigt ein wenig zur Gehässigkeit. Und diese Neigung macht auch vor dem sogenannten schwachen Geschlecht nicht Halt. Wir erreichen den Rathausplatz. Ich mag gar nicht weitergehen. So viele Leute warten auf uns. Tische sind gedeckt, es gibt Leckereien, Kuchen, Getränke und Nico ist der Hahn im Korb. Und ich habe einen dicken Kloß im Hals. Jetzt muss ich auch noch was sagen. Juliane Geuke, die Behindertenbeauftragte – hurra, dieses Amt gibt es wirklich in Schleswig-Holstein, schenkt uns einen Schutzengel, der von ihren Kindern extra für Nico gebastelt wurde. Ist das goldig! Ich bekomme von der Grundstücksgesellschaft Manke einen Scheck über 500 Euro für „Nicos Farm“ überreicht.

Neben mir steht ein junger Mann. Es ist nicht zu übersehen, dass er auch eine Behinderung hat. Umständlich kramt er in seiner Geldbörse und drückt mir mit den Worten: „Kauf Nico ein Eis davon!“, in die Hand.

„So halten wir uns inwendig warm …“ Genau so!

Die Mädels mit den Einrädern geben uns nun eine Kostprobe ihres artistischen Könnens und legen eine tolle Choreografie hin. Nico sitzt in der ersten Reihe und freut sich wie Bolle. Er genießt seine Rolle als Mr. Wichtig und winkt den Mädchen ständig zu. Ich freue mich immer wieder, dass es für ihn im Leben so viele schöne Momente gibt, die ihm sagen: Du bist einzigartig! So einzigartig, wie alle Menschen, jeder Einzelne, auf der Welt.

Dann werden wir zum Freibad geführt. Auf dem Freibadgelände ist bereits alles vorbereitet. Bühne, Grill und ein Cocktailstand. Die Cocktails sind nicht nur lecker, sondern auch alkoholfrei. Mein Glück. Nach der anstrengenden Strecke würde es mich glatt umhauen. Am Grill gibt es Hamburger satt. Nico scheint den Rekord im Hamburger essen brechen zu wollen. Bei der folgenden Darbietung vergisst mein kleines dickes Kind jedoch beinahe das Essen: eine Bauchtanzgruppe tänzelt mit bunten Kostümen um uns herum. Nico schaukelt begeistert zum Klang der Musik und zum Schwung der Hüften. Überwältigt von dieser Performance strahlt er die Mädels mit verliebten Augen an. Darüber werden wir in den nächsten Tagen mal reden müssen, mein Lieber!

Unser Dank geht an alle, die diesen wunderschönen Tag liebevoll vorbereitet und gestaltet haben, an die Sponsoren und an alle, die dabei gewesen sind. Eure Herzlichkeit lässt hoffen, sie macht Mut und zeigt uns, dass wir auf dem richtigen Weg sind. Und, dass es gelingen könnte, diese Welt ein bisschen besser zu machen.

Inwendig warm, Tag 8
Nach Norderstedt
Sushi bei 38 Grad

Der Tag beginnt mit einer Hitzewarnung. Was für eine Überraschung! Wer hätte das gedacht? Man soll viel trinken und sich nicht anstrengen. Machen wir auch nicht. Lächerliche 10 Kilometer liegen vor uns. Heute wandern wir mal von Rathaus zu Rathaus. Ich habe nämlich Begleitung. Jawoll! Jochen Wildt kommt heute mit. Jochen ist Freund, Erzieher und in seiner Freizeit Komponist und Kinderbuchautor. Er hat bereits an allen inwendig-warm-Touren teilgenommen und den schönen „Aua, aua-Song“ komponiert, weil er sich nicht nur die Füße wund gelaufen hat, sondern auch noch ganz andere Stellen. Hi, hi – weitere Auskünfte erteile ich aber nur auf Anfrage. Sein Kommen ist für mich und für die Aktion eine ganz besondere Ehre. Er wird nämlich in diesen Stunden Vater und hält bereits sein Handy in der Hand, um notfalls sofort ins Krankenhaus zu eilen.

Jochen ist rührend bemüht, Kinder für Umweltthemen zu interessieren. So handelte auch sein erstes Buch von einem Eisbären, der mit seiner drolligen Art die Kinder sensibilisieren soll. In seinem zweiten Buch, einem Kriminalroman für Kinder, greift er das Thema Behinderung auf. Auch Nicos Farm und unsere zahlreichen Aktionen erhalten in diesem Buch einen breiten Raum.

Die Presse hat sich auch bereits angekündigt, um noch schnell ein Bild von unserem Abmarsch zu schießen. Da kommt Jochen um die Ecke gebogen. Begleitet von – ich fasse es nicht – unserem dicken, Verzeihung, „diggen“ Freund Roland Krause. Sylvie, seine Frau, ist auch dabei. Digge Umarmung. Sie gehören zum Lotto-King-Karl-Fanclub „Die diggen Freunde“. Daher der Name. Dass Roland und Sylvie mitlaufen, damit habe ich überhaupt nicht gerechnet. Roland ist nämlich vor kurzem erst an der Ferse operiert worden. Hat, wie ich, einen Fersensporn. Das ist eine schmerzhafte Entzündung der Ferse, fühlt sich an, als würde man auf Scherben laufen. Roland und Sylvie wohnen in Dortmund. Das lässt bereits Schlussfolgerungen auf die sportlichen Ambitionen zu. Wie heißt der noch, dieser gelbe Sportverein aus Dortmund? Jochen (HSV) und Roland (BvB) sind nämlich – na, ich will nicht sagen: fußballfanatisch durchgeknallt? Hm, doch! Zum Beispiel ist es mir an dieser Stelle und bei Strafe untersagt, den Namen eines grünen Vereins aus einer Stadt mit „B", wie zum Beispiel Bremen, zu nennen.

Aber im Ernst: Roland hat viel Geld für Nicos Delfintherapien gesammelt. Er hat beim BvB eine kleine Hütte, in der der ganze Krimskrams der Fans abgegeben wird. Dort schenkt er auch Getränke aus, und es gibt eine Toilette. Über dem Männerpissoir hängt ein Foto von Nico, wie er überglücklich mit seinem Delfin Mateo schwimmt. Darüber steht der Satz: „Pipi machen für Nico". Jeder, der dort pinkelt, spendiert einen kleinen Obolus. Auf diese Weise wurden schon mehrere tausend Euro zusammengepinkelt. Diese tolle Idee ist nicht urheberrechtlich geschützt und darf gern von vielen anderen und für viele behinderte Kinder übernommen und weitergetragen werden.

Darüber hinaus ist Roland auch der Organisator unseres Lichtermeeres in Dortmund. Einmal im Jahr veranstalten wir Laternenumzüge in verschiedenen Städten: „Ein Lichtermeer für Deutschlands behinderte Kinder". Die Aktion findet jeweils am letzten Freitag im Oktober statt. Vorher basteln Kita- und Grundschulkinder Laternen, die sie dann während der Veranstaltung an Kinder mit Behinderungen übergeben. „Ein Licht von Kind zu Kind".

2009 habe ich das Lichtermeer in Hamburg erstmalig durchgeführt. Inzwischen beteiligen sich schon fast 20 Städte an dieser Aktion und so ziehen wir ein leuchtendes Band der Solidarität, der Menschlichkeit und der Wärme von Sylt bis nach Würzburg. Eine schönere Begegnung im Rahmen der Inklusion kann ich mir nicht denken. Mittlerweile haben sich sogar Freundschaften zwischen Kindern mit und ohne Behinderung entwickelt.

In Hamburg wandern wir mit einem Fackelzug, unserem Clown Charly, der freiwilligen Feuerwehr, einem Musikzug und einer Samba-Kapelle um die Binnenalster und verwandeln sie in ein Lichtermeer. Zum Abschluss gibt es ein großes Feuerwerk mitten auf der Alster. Unser Freund Mario Böttcher von Jan Feuerwerk, reist extra aus Berlin an, um die Kinderaugen zum Leuchten zu bringen. Im Gegensatz zu Hamburg, wo die politische Dimension noch nicht wahrgenommen wird, ist es Roland sogar gelungen, seinen Bürgermeister für eine Schirmherrschaft zu bewegen. Ich kämpfe in Hamburg jedes Jahr um die Genehmigung, einen kleinen Tisch für die Ausgabe der Laternen aufzustellen. Das ist uns inzwischen ultimativ untersagt worden. Hintergrund ist die Überquerung einer Straße, dem Jungfernstieg. Fünf bis sechs Minuten dauert die Aktion, denn behinderte Menschen sind nun mal nicht die Schnellsten. „Das kann man den Autofahrern nicht zumuten", heißt es bei Polizei und Bezirksamt.

So kämpfen wir in jedem Jahr erneut, um die Binnenalster in ein Lichtermeer zu verwandeln.

Mit viel Herzblut und seiner eigenen, wunderbaren Art auf Menschen zuzugehen und sie für derartige Aktionen zu gewinnen, bereitet Roland diese Aktion monatelang vor. Ich muss mich in jedem Jahr aufs Neue bemühen, dass Dortmund unserem Hamburger Laternenumzug nicht den Rang abläuft.

Jetzt gibt's noch ein kleines Pressefoto für die Segeberger Zeitung, die morgen erscheint, und dann geht's los auf die Straße. Wir kalauern uns voran, machen uns gegenseitig übereinander lustig und erzählen von früheren Wanderungen. Zum Beispiel, wie ich einmal vergessen habe, Windeln einzupacken. Und dann passierte es, na klar: der ganz große Boxenstopp. Und wie wir so an einem Altenpflegeheim vorbeikamen, sind wir dann da rein, in der Hoffnung, man könnte uns dort aushelfen. Aber es war dort niemand – außer eben die alten Menschen. Wir haben noch gescherzt, dass wir die Bewohner hätten klauen können. Aber eigentlich war das eher beschämend und traurig, weil repräsentativ für die Pflegesituation in diesem unseren Lande.

Wir kommen schnell voran und erreichen nach etwas über zwei Stunden das Rathaus. Die Ratsherren trauen sich mal wieder nicht heraus. Dafür begrüßt uns plötzlich eine ältere Dame:

„Ich habe Sushi mitgebracht."

Bitte? Bei dieser Hitze? Rohen Fisch? Brrr ...

Meine Aufregung legt sich schnell. Sushi ist ihr kleiner Hund. Nicht eingerollt in Fisch, ohne Sauce und quicklebendig.

Wir müssen uns verabschieden. Roland und Sylvie wollen heute noch mit ihrem Sohn Dennis zu den Karl-May-Festspielen in Bad Segeberg und Winnetou gucken. Und Jochen muss nun schnell nach Hause. Vielleicht wartet sein kleiner Sohn ja schon auf ihn.

Wenn das keine Freundschaft ist.

Digge Freundschaft!

Inwendig warm, Tag 9
Nach Hamburg Bahrenfeld

Meister Jakob

Der Wetterbericht wird hinterher melden, es war das heißeste Wochenende in Hamburg. 34 Grad, gefühlt 38 Grad, sagt der Wetterfrosch. Quatsch, sage ich! Gefühlt 48 Grad! Ich starte bereits inwendig warm und inwendig nass. Es tröpfelt von meiner Stirn. Möglicherweise bin ich nicht ganz dicht. Oder es sind die Wechseljahre. Oder 65 kg Kampfgewicht in den Rollstuhl hieven und schieben. Möglicherweise nur ganz einfach die Aufregung, was der Tag uns bringen wird. Heute erreichen wir nämlich unsere Heimatstadt Hamburg. In Bahrenfeld wartet eine Inklusionsveranstaltung auf uns. Bis zum eigentlichen Startplatz am Bahnhof Ochsenzoll sind es noch ein paar Kilometer. Mal sehen, wer dort auf uns wartet. Die Versammlung ist sehr übersichtlich. Herr Schröder, vom Bezirksamt Nord, kommt uns schon ein paar Schritt entgegen. Und gleich um die Ecke steht da doch tatsächlich ein Velo der Firma Trimotion. Fahrer ist Herr Fölsch, der Chef der Fahrrad-Rikschas persönlich. Das ist insofern eine große Freude, als die Velos uns, inzwischen schon einer liebgewordenen Tradition folgend, bei unserem „Lichtermeer für Deutschlands behinderte Kinder“ rund um die Binnenalster begleiten und somit auch für einen Augenschmaus sorgen. Die Rikschas stehen dann denjenigen Teilnehmern zur Verfügung, die die Strecke rund um die Binnenalster nicht mehr bewältigen können. Das Velo ist beklebt mit Postern von Nicos Farm, für unseren Verein eine schöne PR-Aktion. Es geht eben nicht immer um die Quantität, sondern um die Qualität. Unser kleiner Tross setzt sich pünktlich in Bewegung. Nico jubelt und kriegt sich nicht mehr ein, wenn wir so hinter dem Velo her traben oder – noch besser – direkt nebenher fahren. Vielleicht gefällt es ihm, wie sich Herr Fölsch in der heißen Sonne abstrampeln muss. Seine Neigung zur Gehässigkeit ist ja hinlänglich bekannt.

Wir kommen auf eine sehr nette Weise mit Herrn Schröder ins Gespräch. Es ist erklärtes Ziel dieser Aktion, sich mit Vertretern und Vertreterinnen von Behörden und Politik auszutauschen und sich gegenseitig kennenzulernen, ohne dass dieser ewig dicke Schreibtisch mit all seinen Paragrafen zwischen uns steht. Ich erfahre, dass Herr Schröder beide Seiten dieses Schreibtisches kennt. So führen wir ein fruchtbares und sehr freundliches Gespräch.

Wegen der tropischen Wetterlage rechne ich zunächst noch nicht mit weiterer Begleitung. Überraschung: Ute Gärtner steht im Schatten einer Linde und wartet bereits auf uns. Sie ist uns seit vielen Jahren gut bekannt. Ute ist medizinisch technische Assistentin, kurz MTA, und führt bei Nico die halbjährlichen EEG-Untersuchungen durch. So kennt sie auch alle seine Macken und Eigenarten und weiß, dass er sehr speziell ist. Das Besondere an ihr ist: sie geht auch darauf ein und akzeptiert ihn so, wie er ist. Das ist nämlich nicht selbstverständlich. Unsere einschlägigen und langjährigen Erfahrungen belegen, dass Einfühlungsvermögen und Sensibilität bei vielen Medizinern nicht zu den herausragenden Eigenschaften gehören. Nachdem wir die Diagnose „infantile Zerebralparese“ bekamen, waren wir regelmäßig im Universitätskrankenhaus zur EEG-Kontrolle. Nico hasste es, verkabelt und, mit einem strammen Gumminetz auf dem Kopf, eine halbe Stunde lang fixiert zu sein. Ein Kassettenrecorder sollte ihm mit fröhlichen Kinderliedern die Zeit etwas verkürzen. Sein Geschmack für Trällermusik ist allerdings extrem gering ausgeprägt.

Mir war das gut bekannt. Schließlich durfte ich die zahllosen frustrierenden Erlebnisse zur Gute-Nacht-Zeit ertragen, wenn er sich bei meinen Bemühungen, LaLeLu besonders virtuos vorzutragen, die Ohren zuhielt. Und spätestens bei „vor dem Bettchen steh'n zwei Schuh“ wurde ich regelmäßig ausgebuht und abgewimmelt. Aber meine Rufe verhallten ungehört.

„Beruhigen Sie sich", kam stets die belehrende und überhebliche Auskunft. „Wir haben seit vielen Jahren Erfahrung mit nervösen Kindern."

Mag ja sein, dachte ich dann immer. Aber sicher haben Sie keine Erfahrung mit meinem Sohn. Der ist nicht nervös, der ist verärgert und übellaunig, wenn er diese Musik hört. Die Situation eskalierte besonders, wenn die beiden Damen – sie traten immer im Doppelpack auf – den Kanon vom Meister Jakob als Karaoke-Version anstimmten.

„Schläfst Du noch? Hörst Du nicht die Glocken?"

Nein, Nico schlief nicht, sondern wollte jedes Mal selber hysterisch nach den Glocken schlagen. Die Stimmung geriet immer wieder außer Kontrolle. Und immer war ich Schuld. Denn Schuld sind immer die Eltern, die viel aufgeregter sind als ihre Kinder und diese Aufregung dann auf die Delinquenten übertragen. Wie gern hätte ich Nico bei dem schaurigen Klang der Sirenen die Ohren mit Wachs verstopft und ihn, wie einst Odysseus, am Mast festgebunden. Weil diese Geräte aber keine Masten haben, ließen wir dann entnervt die EEG-Kontrollen im Werner-Otto-Institut durchführen. Das über Hamburgs Grenzen bekannte Institut betreut behinderte und verhaltensauffällige Kinder. Zu dieser Zeit war noch der Vorgänger von Ute für die Untersuchungen zuständig. Mein Blick fiel sofort auf das Keyboard, das demonstrativ neben dem Monitor stand.

„Bitte, bitte …"

„Regen Sie sich mal nicht auf, ich mache das schon seit 30 Jahren!"

Nico sprang beim ersten Akkord wutentbrannt aus dem Sitz.

„Da haben Sie's, nur, weil Sie so unruhig sind!"

> „Weinend möchte ich mich ergeben, wenn ich diesen Trotz nicht hätte." *Hermann Hesse*

Nur kurze Zeit mussten wir leiden, dann wurde der gute Mann pensioniert und Ute trat die Nachfolge an. Sie sagte nur:

„Okay, Eltern kennen ihr Kind am besten."

Seitdem sind die Untersuchungen wohltuend entspannt für alle Beteiligten. Inzwischen, weil auch älter geworden, genießt Nico das Procedere und beschränkt sich darauf, Ute ab und zu ein bisschen zu ärgern. Mal einen Draht abziehen, mal eine Grimasse schneiden, damit die Gummimaske verrutscht. Ute erträgt es in ruhender Gelassenheit. So harmonisch können medizinische Untersuchungen sein.

An der nächsten Ampel warten schon die nächsten Begleiter, die Eltern von Nora. Nora ist eine Klassenkameradin von Nico. Mit ihren Eltern verbinden uns gemeinsame Kämpfe gegen die Willkür von Behörden und Krankenkassen, Schulprobleme und kollektives Kopfschütteln über den Umgang mit behinderten Kindern. Dann trifft auch noch Matze aus Erlangen ein, den wir aus dem sozialen Netzwerk von Facebook kennen. Sein Ziel ist allerdings der Hamburger Dom. Darüber sehe ich hinweg und finde es trotzdem toll, dass er uns begleitet.

Die Tour ist ganz nach Nicos Geschmack. Mr. Wichtig schäkert mal mit dem Einen, mal mit der Anderen. Herr Fölsch führt uns als stadtkundiger Rikscha-Ranger durch schattenreiche Parks, anstatt über flimmernden Asphalt-Dschungel.

An der Osterfeldstraße steigt dann auch noch Stefanie zu, die uns erst mal mit gekühlten Erdbeeren und Melonenstücken versorgt. Ich spendiere ein Eis für alle. Ja, auch für Nico. So habe ich mir die Tour vorgestellt, so darf es gern weitergehen.

Kurz vor dem Ziel stößt unser Freund und Flyermaker Ali noch dazu und gemeinsam erreichen wir das Via Cafeliér, wo die Veranstaltung „Verschieden sein ist ganz normal" bereits in vollem Gange ist. Ulrike Wettengel, die Initiatorin dieser Aktion, die zeitlich und inhaltlich perfekt zu unserer Wanderung passt, hat mit ihren Mitarbeitern für den festlichen Rahmen gesorgt. Der Weg auf die Bühne bleibt mir nicht erspart. Unsere Freundin Giggi, die auch bei dieser Aktion die Fäden zieht, schiebt mich temperamentvoll, wie es ihre Art ist, die

Stufen zur Bühne hoch. Da stehe ich plötzlich und ungewollt. Aber Volker, unser Koordinator, der von nun an den weiteren Verlauf der Wanderung managt, lenkt meinen Auftritt in gute Bahnen. Clown Charly begrüßt uns in seinem wunderschönen Kostüm. Oh, Gott, muss der Arme schwitzen. Mit seiner Frau Ruth haben die beiden ihre Hüpfburg aufgebaut und machen Späße mit den Kindern. Die Zwei sind die gute Seele vom Verein Nicos Farm und unterstützen uns schon seit vielen Jahren. Die Hüpfburg hat Charly, der mit bürgerlichem Namen Hans heißt, angeschafft, um die Kinder in seiner Nachbarschaft zu erfreuen. Zu Ostern gehen wir immer ins Altonaer Kinderkrankenhaus. Dann schlüpft Charly in ein Hasenkostüm und beschenkt gemeinsam mit Ruth die Kinder mit liebevoll zusammengestellten Körbchen voller Süßigkeiten. Beim Lichtermeer ziehen wir mit den Kindern im Krankenhausbereich unsere Runden, nach dem Motto: wenn die Kinder nicht zum Lichtermeer kommen können, kommt das Lichtermeer eben zu den Kindern (ins Krankenhaus).
Ich bin ausgedorrt, muss erst mal was trinken und etwas essen. Mein Co-Pilot ist bereits in der Hüpfburg verschwunden und seine Jubelschreie dröhnen nach außen. Das mag er, das braucht er. Taktile Wahrnehmungen nennt man das; sie dienen der Wahrnehmungsförderung von Kindern, die in ihrem Tastsinn eingeschränkt sind. Die Hüpfburg als Therapieeinrichtung. Müsste eigentlich von der Krankenkasse gesponsert werden.

Dunkle Regenwolken sind aufgezogen und ein dumpfes Grollen aus der Ferne lässt Hektik aufkommen. Die Hüpfburg darf nicht nass werden. Ich ziehe an dem dicken Kind, das sich im Eingang verkeilt hat und lieber weiter toben möchte. Charly lässt bereits die Luft raus. Dadurch komme ich jetzt auch besser an den Kerl heran und kann ihn überreden, das Feld zu räumen. Wir helfen alle beim Abräumen der Tische, Bänke und Grillstände, als das Unwetter über uns hereinbricht. Der

Himmel öffnet seine Schleusen und ein Wasserfall ergießt sich über unseren Jahrmarkt. Nach ein paar Minuten ist alles im Café verstaut. Ulrike, Giggi und ich stehen patschnass, aber fröhlich am Eingang und sehen dem Unwetter staunend zu. Nochmal Schwein gehabt.

Inwendig warm, Tag 10
Nach Hittfeld

Zwischen Zärtlichkeit und Wut (tut das Leben richtig gut)

Bewölkter Himmel, 22 Grad. Na bitte, geht doch! Quietschvergnügt und ausnahmsweise nicht vom Schweiß triefend nass, biegen wir um die Ecke zum Harburger Rathaus. Wir sind die Letzten. Aber dennoch pünktlich! Der Bezirksamtsleiter, Herr Völsch, und die Wanderfreunde Nordheide e.V. mit Herrn Sieffert, erwarten uns bereits. Kleines Hallo, „das ist Nico", der sofort wieder auf Achse ist und den Rathausplatz erkundet, während Herr Völsch uns ein bisschen über die Historie des Harburger Rathauses informiert. Noch ein Foto fürs Wochenblatt, dann startet unsere kleine Karawane.

Ich bin ja nun von Profis umgeben und so muss ich mir auch keine Gedanken über unsere Wanderroute machen. Die ist von Herrn Sieffert auch bereits intensiv ausgearbeitet worden. Mit seinem Handy in der Hand führt er uns über Friedhöfe und durch Parks, die ich ansonsten nie im Leben gesehen hätte. Ist gar kein Handy, merke ich bald. Ist ein GPS. Jeder kleinste Weg ist darin enthalten. Ich bin ein bisschen neidisch und, ehrlich gesagt, scharf auf das Teil. So was könnte ich auf der Wanderung gut gebrauchen. Manchmal enden die Fußwege schlagartig. Dann bleibt nur noch der unangenehme Marsch auf der Landstraße mit dem rasanten Straßenverkehr. Oder ich lande im Wald, bleibe im Matsch stecken und finde nicht mehr hinaus.

Ich frage scheinheilig und nebenbei, was so etwas Schönes wohl kostet. Okay! Meine Karte ist ja auch nicht schlecht. Außerdem habe ich gerade von Hans und Ruth einen Kompass geschenkt bekommen. Meine Strecke ist jedoch simpel: Kurs Süd, der Sonne entgegen. Heute führt sie uns allerdings kreuz und quer, rauf und runter, links und rechts. Ich verliere völlig die Orientierung, lasse mir aber nichts anmerken. Man muss auch mal vertrauen können. Sich einfach fallen lassen.

Also, im übertragenen Sinne. Nico ist gut drauf, macht seine bekannten Scherze. Ein bisschen ins Gebüsch lenken, heimlich bremsen, indem er einen Fuß auf das Vorderrad stellt. Erst ganz dezent, damit man das nicht gleich merkt, sondern sich nur wundert, dass es so schwer zu schieben geht. Und dann, wenn man es spitz bekommen hat und sich beschwert, zieht er lauthals jubelnd beide Bremshebel. Das kann die gute Laune der netten Truppe aber nicht im Geringsten stören. Sie machen jeden Spaß mit.

Ich bin immer wieder erfreut, dass Nico so ein Sympathieträger ist. Er hat mir schon so manche Tür geöffnet. Ich bin ja eigentlich eher ein wenig unfreundlich veranlagt. Aufgrund der zahlreichen unerfreulichen Erfahrungen neige ich leider auch manchmal zu vorauseilendem Pessimismus. Aber daran arbeite ich, bin ja noch jung. Carsten Pape, ein Hamburger Musiker, der das Lied „Ich geh schwimmen mit Delfinen" für Nico geschrieben hat, sagte einmal bei einem Benefizkonzert für Nicos Delfintherapie:

„Leute, was dieser kleine Junge, der nicht sprechen und nicht laufen kann, bereits erreicht hat, um die Herzen der Menschen zu erobern; was könnten wir, die wir reden und unsere Füße gebrauchen können, alles erreichen?"

Es ist wahr: Was könnten wir alles erreichen?

„Es gibt nichts Gutes, außer man tut es!"

Im Wechsel komme ich mit den Wanderfreunden ins Gespräch und erzähle, wie sich alles entwickelt hat. Nicos Geburt war anstrengend; 40 Stunden hat der Bursche im Kreißsaal gekämpft, bis ich ihn sehen durfte. Vermutlich wurde ihm dabei die Luft knapp. Man weiß es nicht und so begannen die Auffälligkeiten auch erst nach sechs Monaten. Er sei ein „Prachtbursche", meinte der Kinderarzt noch bei der Erstuntersuchung.

„Ein Spätzünder vielleicht. Machen wir mal ein wenig Frühförderung, dann kommt das schon".

Kam aber nicht. So wurde der Abstand zu Gleichaltrigen immer größer und die Vermutung, dass eine gravierende Beeinträchtigung vorliegt, wurde immer mehr zur Gewissheit. Alle Untersuchungen liefen ins Leere. Irgendwann ließ es sich nicht mehr leugnen: Wir haben ein Problem:

Nico ist behindert!

Während ich so erzähle, wandern meine Gedanken erneut an den Ort des realen Wahnsinns, zu meiner damaligen Sachbearbeiterin des Sozialamtes. Ich bekam ja zunächst nur aufstockende Leistungen, weil ich immer noch, wenn auch eingeschränkt, freiberuflich arbeiten konnte. Regelmäßig hatte ich bei einer Norddeutschen Klassenlotterie Fotoaufträge. Jeweils nach Fertigstellung der Aufnahmen schrieb ich eine Rechnung, die ich auch dem Sozialamt zur Berechnung der Leistungen vorlegte. Nach circa vier Wochen wurde mein Honorar dann von der Lotteriegesellschaft beglichen und meinem Bankkonto gutgeschrieben. Die Kontoauszüge musste ich selbstverständlich ebenfalls dem Sozialamt monatlich vorlegen. Nachdem ein Jahr einigermaßen konfliktfrei vergangen war, erhielt ich plötzlich ein Schreiben:

„Sie haben ja in der Lotterie gewonnen und uns diesen Gewinn vorenthalten. Das ist Sozialbetrug!"

Geht's noch? Guckt euch doch einfach mal meine Aufstellung vom Vormonat an, bat ich. Da steht doch alles drin. Dann könnt ihr feststellen, dass es sich um mein Honorar und nicht um einen Gewinn handelt.

„Das klingt ja alles sehr mysteriös", kam die Antwort. Aber da wir es Ihnen nicht nachweisen können, gehen wir mal von der Richtigkeit Ihrer Aussage aus." So hatte ich stets Sorge, bei den Abrechnungen Fehler zu machen und den Bezug meiner Leistungen zu gefährden. Ich bekam extreme Existenzängste. Jedes Schreiben vom Amt öffnete ich mit Puls und Bluthochdruck.

Ein anderes Schreiben war, aus heutiger Sicht, auch sehr lustig. Es war immer anstrengend, meiner Sachbearbeiterin zu vermitteln, dass ich von den Honoraren Ausgaben begleichen musste. Filme, Entwicklung (Digitalfotografie gab es damals noch nicht), Büromaterial, alles verursachte Kosten, die ich ja von den Einnahmen abziehen musste. Grundlagen der Buchführung, erstes Semester BWL!

Eines Tages erhielt ich aufgrund einer Abrechnung ein Schreiben:

„Bitte erklären Sie den Gebrauchsnutzen für 100 Stück Klarsichtfolie!“ (im Wert von DM 1,99)

Ich outete mich daraufhin als Klarsichthüllenfetischist. Hans Jochen Vogel, die SPD-Legende, war auch so einer. Hat immer alles abgeheftet. In Klarsichtfolien.

„Noch einen Kilometer!“, ertönt es neben mir und reißt mich aus meinen Gedanken. Wir nähern uns Hittfeld. Pünktlich treffen wir vor dem Rathaus ein. Die Ortsbürgermeisterin, Angelika Tumuschat-Bruhn, kommt uns bereits entgegen. Angelika ist auch Mitglied im Verein „wir pflegen“. Wir werden vom stellvertretenden Bürgermeister und dem Bauamtsleiter freundlich empfangen, erhalten ein paar nette Geschenke zur Begrüßung und werden für einen kleinen Vortrag in den Gemeindesaal eingeladen. Besonders die Geschenke haben es Nico angetan. Während ich den Ausführungen über die Entstehung der Gemeinde folge, packt mein unhöflicher Geselle erst einmal alles aus und vergreift sich dabei auch noch an meinem Geschenk. So liegen in kurzer Zeit Kaffeebecher, Broschüren, Kugelschreiber und reichlich Süßigkeiten ungeordnet über den Tisch verteilt vor uns. Mein Bericht über unsere Wanderaktion und über unser Wohnprojekt Nicos Farm gestaltet sich daher ein wenig holprig.

Ich habe schon wieder einen schwerwiegenden taktischen Fehler gemacht. Ich habe Don Krawallo erzählt, dass Angelika die gesamte Wandergruppe zum Eis essen eingeladen hat. Eis essen! Es hält ihn kaum auf dem Sitz. Endlich steht sein Erdbeereisbecher vor ihm. Aber der Bananenbecher des Nachbarn ist irgendwie noch viel leckerer. Ich bekomme aufsteigende

Hitze und fühle mich überfordert, Gespräche zu führen und gleichzeitig pädagogisch unter Einsatz körperlicher Gewalt tätig zu werden. Alternativ biete ich ihm an, sich auch an meinem Becher zu vergreifen und überlasse ihm resignierend meine Schale. Beidhändiges Schaufeln ist seine Spezialdisziplin. Die Gesellschaft schaut ihm staunend zu.

Ich weiß, schon gut! Ich werde meiner pädagogischen Verantwortung nur ungenügend gerecht.

Inwendig warm, Tag 11
Nach Lüneburg
Die Heidekönigin

Der heutige Wandertag beginnt am Bahnhof Maschen. Es soll wieder ein besonderer Tag werden. Wir sind schon wieder die Letzten, aber, unserer Tradition folgend, dennoch pünktlich zur Stelle. Angelika, ihr Mann und meine inzwischen trotz der vielen Umwege liebgewonnene Wandergruppe warten schon vor dem Eingang. Auch Georg, der bereits beim Start in Flensburg dabei gewesen war, ist bereits eingetroffen. Angelika zeigt uns den sehr dekorativ und kunstvoll ausgekleideten Bahnhof. Mit viel Kreativität ist es gelungen, die hässliche Architektur in ein Kunstwerk zu verwandeln. Es sollte aber nicht verschwiegen werden, dass der erst 1977 hergestellte Klotz alles andere als behindertengerecht gebaut wurde. Rollstuhlfahrer, Eltern mit Kinderwagen, Senioren mit Gehwagen, können den Bahnsteig ohne fremde Hilfe nicht erreichen. Ein Skandal eigentlich, beim gegenwärtigen Umgang der Bahn gegenüber Menschen mit Handicaps allerdings nicht sonderlich ungewöhnlich.
Angelika versorgt uns noch mit kleinen Tütchen Studentenfutter. Das wird mir auf einer späteren Etappe einmal das Leben retten. Wir traben los. Peter führt uns mit seinem digitalen Wegweiser auf den richtigen Pfad. Wir erreichen Winsen. An der Kirche ist bereits alles für einen herzlichen Empfang vorbereitet. Der NDR ist da, Zeitungsreporter und viele freundliche Helfer, die uns mit frischem Obst und gekühlten Getränken versorgen. Beide Bürgermeister begrüßen uns launig. Der Erste Bürgermeister übergibt uns ein Geschenk der Stadt Winsen, ein Fernglas, damit wir immer den richtigen Durch- und Weitblick behalten. Eine nette Geste. Und es gibt zu unserer großen Freude fetzige Musik, dass es Nico kaum noch im Rollstuhl hält. Das Tanzen liegt uns. Zwei Sprungfedern auf dem Weg durch Deutschland. Später erfahren wir, dass unsere Ankunft in Winsen sogar in den Nachrichten gemeldet wurde.

Trotz der fröhlichen Stimmung müssen wir weiter. Der nächste Empfang wartet auf uns. Wir wandern und wandern, da tauchen plötzlich drei Gestalten am Wegesrand auf.

„Dürfen wir mitkommen?“ „Na klar! Wo kommt ihr denn her?“ „Aus Köln!“ „Bitte“? „Ja, ich bin Friedhelm, wir kennen uns von Facebook!“

Ich wird‘ verrückt. Friedhelm ist mit zwei Jungs aus seiner Behindertengruppe extra angereist, 800 Kilometer hin und zurück, um uns ein paar hundert Meter zu begleiten. Vor vielen Jahren hat Friedhelm ein Wohnprojekt gegründet, ähnlich, wie ich es auch vorhabe. Es gibt also reichlich Gesprächsbedarf! Ganz hinten, in der Ferne, taucht plötzlich eine Krone aus Heideblüten auf: Ihre Majestät, die Heidekönigin persönlich, erwartet uns am Rande der Straße. Ich frage nach dem Protokoll, darf aber „Jana“ zu ihr sagen. Nico ist mal wieder völlig aus dem Häuschen und scharf auf ihren Heidestrauß, den sie in ihrer Hand hält. Ganz Kavalier der alten Schule, verschenkt er für sein Leben gern Blumensträuße. Nimmt sie anschließend sofort wieder weg, um sie ein zweites Mal zu verschenken. Aber dieser Strauß ist wohl eher ein Zepter. Also Finger weg!

RTL ist auch mit einem Kamerateam angereist und dreht die Szene aus allen Perspektiven. Ich muss mal wieder in ein Mikrofon sprechen und knapp an der Kamera vorbeigucken. Währenddessen muss ich mich dann auch noch bemühen, beim Laufen nicht zu stolpern, Rolli schieben und Klappskalli davon abhalten, das Zepter zu stehlen. Kurz: Mein Tunnelblick meldet sich wieder einmal, in Verbindung mit den obligatorischen Wortfindungsstörungen. Auch Martin Steimann, der Filmemacher von Martini Film Hamburg, seit zahlreicher Dreharbeiten uns ein guter Freund geworden, ist aus seinem Urlaub zurückgekehrt und filmt diese Wanderphase für unseren Imagefilm.

Wo ist eigentlich Georg? Der kann doch auch mal was sagen. Georg! Ach, guck an. Georg steht mit verklärtem Blick neben Jana. Von nun an muss ich ihn nicht mehr suchen, nur nach der Heidekönigin Ausschau halten. Georg sollte eigentlich mit meinem Fotoapparat ein paar Aufnahmen machen. Egal – hätte er eh nur verwackelt.

Ganz besonders freut es mich, dass wir nun auch noch von einer kleinen Gruppe von Menschen mit Behinderungen begleitet werden. Sie haben schon lange auf uns gewartet. Wir haben uns reichlich verspätet. Volker, unser Chefkoordinator, ist schuld! Er hat die Termine viel zu eng gesetzt. Daran müssen wir arbeiten. Aber er hat ansonsten alles wunderbar arrangiert: Empfang in Winsen, Heidekönigin, nun die Behindertengruppe. Aufgrund mangelnder Ortskenntnisse haben wir uns auch noch verlaufen. Trotz GPS. Aber nun geht es in die Zielgerade. Mein Freund Julian ist auch dabei. Julian ist schwerbehindert und juckelt mit seinem E-Porsche neben uns her.

Wir erreichen unser Ziel, die Firma Holz-Herbst in Lüneburg. Carsten Herbst, der Geschäftsführer, hat ein riesiges Büfett für uns aufgefahren. Ich bin viel zu überrascht und habe den Überblick verloren und kann mich nur pauschal für diesen grandiosen Empfang bedanken. Auch durch die Wanderung entkräftet und von den vielen Gesprächen ausgelaugt, genieße ich dieses kleine, rauschende Fest. Ich werde heute wohl viele liebe Menschen in mein Nachtgebet einschließen und einfach nur sagen: „vergelt's Gott."

Heute Abend werde ich Nico zur Mama bringen. Sie freut sich sehr, ihn für ein paar Tage zu verwöhnen, damit er sich wieder von mir erholen kann. Weil wir noch so nahe an Hamburg sind, nutzen wir diese Möglichkeit auch sehr gern. Später, wenn wir erst im Süden der Republik angekommen sind, wird es nicht mehr möglich sein. Sebi, mit bürgerlichem Namen Sebastian, der Fahrer unseres Begleitfahrzeuges, bringt uns wieder zurück nach Maschen, wo unser Auto steht. Wir sind längst wieder auf der Autobahn, als es zu regnen beginnt. Es schüttet wie aus Eimern. Da haben wir wieder einmal Glück gehabt, dass es uns nicht während der Wanderung erwischt hat. Petrus ist ein Freund und sein Timing ist perfekt. Wir erreichen Hamburg. Hinter uns blinken Scheinwerfer auf. Oh, da hat wohl jemand den NDR-Beitrag gesehen. An unserer Heckklappe steht ja der Namenszug der Homepage: www.nicosfarm.de. Ein paar Minuten später leuchten uns abermals die Fernlichter eines hinter uns fahrenden Autos an. Das ist ja nett. Danke! Und dann nochmal. Nun wird mir das aber unheimlich. Die grüßen uns alle?

Vor einer Ampel gibt mir der Nachbar Zeichen, die Scheibe runterzulassen. „Hallo, willst Du ein Autogramm von uns?“

„Deine Rücklichter gehen nicht!“

Ich bin beleidigt! Birnenwechsel ist bei diesem Regen nicht möglich. Es sind ja nur noch 500 Meter. Die fahre ich mit eingeschaltetem Warnblinker und erkläre den Tag für beendet.

Inwendig warm, Tag 12
Nach Bispingen
Eine Verschwörung

Am Wochenende hatte ich den Wohnwagen zum Hof Thansen, einem Seminar- und Eventhotel in Soderstorf, gebracht. Dort kann ich auf dem Gutshof übernachten und bekomme jeden Morgen ein fürstliches Frühstück. Sebi erwartet mich bereits in Bispingen, ein paar Kilometer entfernt, mit dem DRK-Shuttle. Perfekt, denn Bispingen ist auch das Ziel der heutigen Wanderung. So kann ich mein Auto schon mal dort hinbringen und muss am Abend nicht mühselig wieder mit Bus und Bahn zurückfahren. Sebi bringt mich nach Lüneburg, wo bereits Volker und Herr Thomas von der Presse auf mich warten. Ich habe mir die Strecke angesehen und auf der Karte eine gerade Linie gezogen. Ich bin ja lange genug unterwegs und auf Umwege nicht besonders scharf. Volker drückt mir seine Ausarbeitung in die Hand. Ein Tourenplan mit Karte und Kopien der Streckenbeschreibung. Er empfiehlt links, rechts, um die Ecke herum, bergauf, bergab.

„Volker, das finde ich doch nie!"

„Doch, doch, einfach nur dem „B" folgen, einem Wanderkennzeichen an den Straßen und Wegen. Das ist der kürzeste Weg".

„Wie kann denn Kurven laufen kürzer sein als ein gerader Weg?", frage ich skeptisch nach.

Aber Volker ist schließlich studierter Lehrer und meint, sein Schleichweg sei kürzer als die Luftlinie. Also höre ich auf ihn und trabe los.

Bereits an der dritten Straße blicke ich mich ratlos um. Was hatte er noch gesagt? Links an der Kirche vorbei oder war es rechts? Ich frage mal einen Passanten. „Oh", ist die wenig aufschlussreiche Antwort. Ich finde trotzdem meinen Weg. Auf See hätte ich keine Probleme, könnte mit Seekarte, Zirkel und Kursdreieck meinen Weg finden. Notfalls auch mit einem zünftigen Sextanten eine Mittagsbreite nehmen. Als alter Segler kann ich sowas. Aber hier?

Plötzlich springt ein Passant auf mich zu und drückt mir 50 Euro in die Hand. „Ich verfolge Eure Aktion in der Zeitung!“, sagt er. „Ich habe gelesen, dein kleiner Junge ist ein Gourmet. Kauf ihm ein leckeres Eis!“ Und schwupp, ist er wieder verschwunden.

Ich komme an einen Gutshof. Und nun? Der Text, der auch nur zur Hälfte kopiert wurde, weicht deutlich von der Karte ab. Die Beschreibung stimmt mit dem, was ich sehe, nicht überein. Nun wird es mir klar: Volker will mich fertig machen! Ich laufe am Waldrand entlang. Nach 400 Metern überkommen mich Zweifel. Das kann nicht sein. Wieder zurück. Den anderen Weg nehmen. Über Stock und Stein erreiche ich wieder die alte Stelle, an der ich umgekehrt bin. Es ist zum Verzweifeln. Aber nützt nichts, ich muss weiter. Ich lasse mich nicht fertig machen, Volker. Plötzlich summt über mir und neben mir die Luft. Eine schwarze Wolke, bestehend aus Millionen Mücken, fällt über mich her. Sicher hat Volker mich absichtlich hier vorbeigeführt. Ich schlage Löcher in die Luft und versuche der Attacke zu entkommen. Endlich lassen die Viecher von mir ab. Ich erreiche eine Siedlung.

„Tschuldigung, wie komme ich denn nach Soderstorf?“

„Oh“, höre ich zwei- oder dreimal. Das ist wenig hilfreich. Vermutlich hat Volker sie angewiesen, mir nichts zu verraten. Das „B“ an den Bäumen ist auch verschwunden. Ich nehme an, Volker hat es in der Nacht zuvor entfernt. Meine Verschwörungstheorie bekommt Hand und Fuß.

Ich habe einen existenziellen Fehler gemacht. In der Hektik des Aufbruchs habe ich mir weder zu trinken noch zu essen eingepackt. Das kann ich ja bequem unterwegs einkaufen. Dachte ich. Volker hat mir aber eine Route abgesteckt, die fern von jeder Zivilisation verläuft. Kein einziger Laden weit und breit. Hier geht man wohl auf die Jagd und ernährt sich vom Fischfang.

Ich erreiche eine Bank. Würde gern ein bisschen ausruhen. Aber wozu? Einfach nur sitzen? Hunger habe ich! Halt, da fällt mir Angelikas Tüte Studentenfutter ein, die ich in der Seitentasche meiner Hose vergessen hatte. Angelika, Du hast mir das Leben gerettet. Eine Tüte hatten wir bereits am Vortag verbraucht. Mein Master of Desaster, das kriminelle Kind, hat die Rosinen aus Schabernack in seine Tröte, mit der er auf den Zielgeraden immer Lärm macht, gestopft. Aber eine Handvoll habe ich retten können. Ich genieße jede Nuss, jede Rosine einzeln. Ah, das tut gut!

Ein Auto hält neben mir. Volker sitzt am Steuer!

„Willst Du mit?", führt er mich in Versuchung.

„Niemals!"

Kurze Zeit später ist er wieder da mit einer Flasche eisgekühltem Mineralwasser. Na, vielleicht sollte ich das mit der Verschwörung noch einmal überdenken. Immerhin hat auch er mir jetzt das Leben gerettet.

In Soderstorf treffe ich Herrn Völker, den Bürgermeister der Samtgemeinde Amelinghausen. Er lädt mich zu Kaffee und Kuchen ein. Was er mir erzählt, haut mich um. Ich höre ihm zu, kann es aber nicht glauben. Er berichtet mir, dass die Gemeinde eine soziale Einrichtung, wie es Nicos Farm ist, schon seit Jahren sucht. Er bietet mir ein Grundstück an, das wir bebauen könnten. Bisher sind wir überall grandios gescheitert. Niemand wollte behinderte Menschen in seiner Nachbarschaft haben. Hier wären wir willkommen!

Bevor ich das Gespräch mit dem Bürgermeister richtig einordnen kann, muss ich aber schon wieder weiter. Volker hat den nächsten Termin vorbereitet und in Bispingen wartet man bereits auf mich. Wie gern würde ich jetzt das Gespräch mit dem Bürgermeister weiterführen! Noch unter dem Eindruck dieses unglaublichen Angebotes stehend, erreiche ich den Ort mit letzter Kraft. Eine kleine Gruppe von Menschen mit und ohne Behinderung nimmt mich an einer Eisdiele in Empfang. Ich werde vom stellvertretenden Bürgermeister herzlich begrüßt. Er spendiert uns allen ein leckeres Eis. Für mich ist es eine ganz neue Erfahrung, beim Essen mal nicht beklaut zu werden. Nico ist weit weg.

Inwendig warm, Tag 13
Nach Schneverdingen

Rollstuhl ADAC

Nichts ist grausamer, als morgens aufzustehen. Aber wat mutt, dat mutt. Und ich muss weiterlaufen. Denn um 13 Uhr wartet Andrea in Bispingen auf mich. Bis dahin sind es schlappe 10 km. Andrea hat gestern vor der Eisdiele in Bispingen freudig gerufen:

„Ich komme mit nach Schneverdingen!"

Und nun warte ich hier auf sie vor dem Rathaus. Die Bürgermeisterin, Frau Schlüter, wollte auch noch tschüss sagen. Es ist schon wieder erbärmlich heiß. Andrea wird bestimmt nicht ..., aber da kommt sie mit ihrem E-Rolli schon um die Ecke gekurvt.

Wir haben noch ein bisschen Zeit und so schiebe ich den Rolli auf die andere Straßenseite zu einem Fahrradladen. Das rechte Rad ist nämlich platt. Ich nehme an, Volker hat mir die Luft raus gelassen. Einen Ersatzschlauch bekomme ich natürlich nicht, weil es ja eine spezielle Größe ist. Der Mechaniker müht sich redlich ab, spritzt sogar kostenlos Schaum in den Schlauch. Vergeblich. Dann muss ich halt so weiterschieben. Der Rolli ist ja nicht belastet, weil der 65-Kilogramm-Kampfzwerg bei seiner Mama ist. Schade ist es trotzdem, denn, wenn die Strecke bergab geht, setze ich mich gern selber in den Rolli und bretter talwärts. Durch das zusätzliche Vorderrad, das den Rolli geländegängig macht, bekomme ich stets ein atemberaubendes Tempo drauf.

Inzwischen ist auch Frau Schlüter eingetroffen, die mir für Nico ein schönes Vogelstimmenbuch aus der Region als Geschenk überreicht. Wir zwitschern los. Andrea erzählt mir, dass ihr Turbo-Porsche 12 km/h schafft. Da kann ich nicht mithalten. Ich mache höchstens schlappe 5 km/h. Aber sie ist mir freundlich gesinnt und nimmt Rücksicht auf mein Schneckentempo. Andrea ist auf Ihren Rolli unbedingt angewiesen.

„Hat Dir die Krankenkasse denn das Gefährt ohne Probleme genehmigt?“, frage ich sie.

„Nö, ein Jahr habe ich darum kämpfen müssen!“, erzählt sie mir.

„Und was hast Du in dieser Zeit gemacht?“, hake ich nach.

„Tja, solange konnte ich die Wohnung nicht verlassen und musste zuhause bleiben.“

Ich schiebe immer eine ganz dicke Krawatte, wenn ich solche Berichte höre. Es geht um Menschenrechte in einem der reichsten Länder der Erde. Warum wird Menschen, wie Andrea, das Leben so schwer gemacht? Von anderen Menschen. Menschen, die von einem Augenblick auf den anderen in die gleiche Situation kommen könnten.

Warum vertreten Abgeordnete des Deutschen Bundestages, unsere Volksvertreter, nicht Menschen, wie Andrea? Sie sind unsere Gesetzgeber, könnten solche Situationen entspannen. Unzählige Beispiele belegen, dass genügend Geld vorhanden ist. Wenn die Sozialdemokratie den Sozialstaat verteidigt, dann rettet sie den Reichen das Überleben. Manche Parteien wissen bekanntermaßen nicht mehr, warum sie so heißen, wie sie heißen. Zum Beispiel die „Sozialdemokraten“. Die brauchen für das Wort Solidarität längst ein Fremdwörterlexikon. Soeben erfahre ich aus den Nachrichten, dass sich unsere Vertreter aus Steuergeldern Luxusfüllfederhalter der Firma Montblanc für teuer Geld selbst genehmigt haben. Vergoldete Schreibfedern für Abgeordnete, aber Menschen, wie Andrea, müssen kriechen! Wie sieht es eigentlich aus, in Sachen Nebenverdienst? Für die Abgeordneten des britischen Unterhauses gelten beispielsweise strikte Regeln: Die Politiker müssen ihre kompletten Einkünfte, alle Geschäftspartner und sogar den zeitlichen Aufwand offenlegen. Der Bundestag verpflichtet seine Mandatsträger lediglich zu sehr groben Eingruppierungen der Verdienste, was sehr viel Spielraum für Interpretationen lässt. So hat ein Hamburger Politiker fast eine halbe Million Euro dazu verdient. Einfach so nebenbei. Und diese Menschen verfügen per Dekret darüber, ob ein Behinderter einen Rollstuhl bekommt, oder nicht. Ein kleiner Unfall, ein Schlaganfall, eine schwere Krankheit und das Leben ist nicht mehr so wie am Tag zuvor. Ist der Bundestag oder sind die Krankenkassen Zonen reduzierter Menschenwürde?

Wir rollen so ein Weilchen auf einem Fahrradweg direkt am Waldrand entlang.

Plötzlich ein lautes Knack!

Dann ein Pfff ...

Und dann der Schrei: „Hilfe, ich kippe um!"

Die schwere Limousine neigt sich gefährlich auf die Seite. Andrea ist über einen Baumzweig gefahren, der sich tief in den linken Hinterreifen gebohrt hat. Ich springe sofort neben sie und sichere mit meiner Hüfte den schweren Rolli gegen das Umkippen. Mit Mühe und Not kann ich Andrea und das Fahrzeug stabilisieren. Andrea ist nämlich – ja, wie soll ich es nett formulieren? – mit einem soliden Körperumfang ausgestattet, ein bisschen kräftig ins Leben gebaut. Nun sind wir beide gefangen. Wenn ich mich bewege, fällt Andrea um.

Wegen ihrer Körperbehinderung kann sie nicht absteigen. Hm, Ruhe bewahren und die Lage analysieren. Erst mal nachdenken. Wir haben ja Zeit. Ich kann noch stundenlang so stehen bleiben.

„Meine Mama!", ruft Andrea und zeigt auf ein Auto, das am Straßenrand hält. So ein Glück. Ihre Mama wohnt nämlich nur ein paar hundert Meter entfernt und kommt ganz zufällig in diesem Augenblick vorbei. Sie weiß Rat und fährt noch einmal zurück nach Haus. Ein paar Minuten später, bevor wir beide lang hinschlagen, kommt sie mit einem Stuhl zurück. Nun kann Andrea absteigen und ich kann meine Hüfte wieder bewegen. Der Techniker vom Sanitätshaus ist bereits informiert. Andrea hat alle wesentlichen Telefonnummern in ihrem Handy.

„Was mache ich bloß, wenn mir so etwas passiert und ich alleine bin?", fragt sie mich ratlos.

„Dann rufst Du die Polizei oder die Feuerwehr an. Die werden Dir helfen, damit Du nicht auf der Landstraße übernachten musst“, sage ich ihr. „Hab’ da mal keine Hemmungen.“

Nach ewiger Zeit kommt dann auch der Pannendienst und lädt das Gefährt auf. Andrea wird von ihrer Mutter aufgenommen und ich setze meinen Weg nun alleine fort. In Schneverdingen bin ich bei meinen Freunden von der Arbeiterwohlfahrt zum Grillen eingeladen. Wir kennen uns schon seit der ersten Inwendig-warm-Tour aus dem Jahre 2010, die mich damals auch durch diesen Ort geführt hat. Seitdem organisieren sie in Schneverdingen ein Lichtermeer nach unserem Vorbild.

Mit Knackwurst und Nudelsalat geht der Tag seinem Ende entgegen.

Inwendig warm, Tag 14
Nach Bergen

Vergangenheitsbewältigung

Ich, Steppenwolf, trabe und trabe. Heute geht es nach Bergen. Elke von Meding hat mir in einer Mail geschrieben, dass sie mich dort erwartet. Sie schreibt mir, dass sie auch die Stadt und die Presse auf diese Aktion aufmerksam macht. Die Luft flimmert über dem Boden. Es heißt, es sei der zweitheißeste Tag der Aufzeichnungen. Eigentlich müsste ich im Asphalt einsinken. Tue ich aber nicht. Bruder Leichtfuß bekommt so eine ganz neue Bedeutung.

Die Chancen, dass ich mit einem Hitzschlag tot umfalle, stehen gar nicht so schlecht. Schon wieder habe ich zu wenig Wasser mitgenommen. Bescheuert, ich muss die Wasserflaschen nicht einmal schleppen, sondern einfach in den Rolli legen. Während ich an einer Kuhweide vorbeikomme, erwische ich mich bei dem Gedanken, mich an der Viehtränke zu vergreifen.

Ich bin froh, dass Nico nicht dabei ist. Die Hitze ist einfach zu heftig und ich bin sicher, heute hätte ich abgebrochen. Was habe ich hier bloß verloren? Ach ja, ich wollte ja der ganzen Welt von den vielen sozialen Ungerechtigkeiten in diesem Lande erzählen. Ich wollte zur Empörung aufrufen und gegen die lähmende Gewöhnung der Bevölkerungsmehrheit an wachsender Unmenschlichkeit und fehlender Solidarität meckernd durch Deutschland wandern. So fallen mir die alten Geschichten wieder ein. Die Sonne trägt sicher dazu bei, dass ich gedanklich wieder in den behördlichen Irrsinn eintauche: Endlich hatte ich meine Ruhe vor dem Sozialamt. Denn nun war sie da, die lange angekündigte Reform, die soziale Revolution. Alles würde nun besser werden. Vor allem menschlicher. Dass ein Bundeskanzler Schröder und ein Mann, namens Peter Hartz, gemeinsam mit der Partei „Die Grünen“, die Erfinder der geregelten Armut werden würden, kam mir erst später in den Sinn. Hartz sollte nicht nur mit seinem Menschenverelendungsprogramm, auch Hartz IV genannt, in die Annalen der Republik eingehen.

Auch wegen der Umleitung einiger Milliönchen aus dem Geschäftsvermögen seiner Firma erlangte er eine gewisse Berühmtheit. Außer einer Bewährungsstrafe hat ihm das allerdings keine wesentlichen Nachteile eingebracht. Im Gegensatz zu seinen Klienten, den sogenannten Hartz-IV-Em-pfängern, denen bereits wegen kleinster Unregelmäßigkeiten die Lebensgrundlage entzogen wird.

Es ist unglaublich, dass wir alle es zugelassen haben, dass der Feind in der sozialen Marktwirtschaft der Arbeitslose ist. So weit ist unsere Gesellschaft schon verroht. Der Langzeitarbeitslose ist zu einem stabilen Feindbild geworden. Nach einer Umfrage halten es 61 % der Befragten für empörend, wenn sich Arbeitslose auf Kosten der Gesellschaft ein bequemes Leben machen. Nur zur Erinnerung: der Tagessatz für Nahrungsmittel beträgt knapp 5,00 €. Die Denunziation begann mit Gerhard Schröder, der feststellte, es gäbe kein Recht auf Faulheit und damit die Gleichung aufstellte, arbeitslos = faul. Hartz IV hat die Armut in unserem Land soweit ansteigen lassen, dass es Tafeln gibt. Und wir regen uns nicht einmal darüber auf, dass sich hunderttausende von Menschen anstellen und um Essen betteln. Der soziale Friede braucht vielleicht ein bisschen Wut.

Ich sehe meinen ersten Leistungsbescheid vor mir: 586,62 € für Miete, Strom, Wasser, Telefon, Bekleidung, Fahrgeld, Klopapier, Wohnungsrenovierung, Kino, Theater und so weiter.

Nico, Kind, behindert, bekommt deutlich weniger. Das weiß ja auch jeder: Jugendliche in der Wachstumsphase brauchen nicht so viel. Schade eigentlich, dass der amerikanische Gourmettempel sich beim Preis der Juniortüte nicht am Hartz IV-Regelsatz orientiert. So reicht das Geld nicht einmal für die Frittentüte beim Edelamerikaner.

Zum Vergleich: ein Polizeihund erhält 6,80 € am Tag. Das sei ihm auch gegönnt. Bier und Wein gibt's nicht. Ist gestrichen. Wasser aus dem Hahn genügt, meint Thilo Sarazin, der ehemalige Berliner Finanzsenator, der auch für fünf Euro die Stunde arbeiten würde, wie er sagt. Okay, Bier bekommt ein Polizeihund ja auch nicht. Für eine kurze Durststrecke wäre das hinzunehmen. Aber ein Leben lang? Weil man behindert ist? Oder weil man jemand pflegt, der behindert ist? Ein Mensch mit Behinderungen erhält allerdings etwas höhere Bezüge. „Mehrbedarf wegen Behinderung" heißt das, damit man Zuzahlungen leisten kann, die die Krankenkassen nicht übernehmen. Wegen der Beinschienen benötigt Nico zum Beispiel spezielles Schuhwerk. Sie brauchen ja ohnehin Schuhe, argumentiert die Kasse. Dann müssen sie zumindest die Kosten, die beim Schuhkauf anfallen, übernehmen. Unerwähnt bleibt allerdings, dass ein Jobcenter den Preis für ein paar Schuhe deutlich niedriger ansetzt und einen Wert zugrunde legt, der das Preisniveau von Flip-Flops nur unwesentlich übersteigt. Wie sagt unsere Kanzlerin zusammenfassend? „Deutschland geht es gut, das ist ein Grund zur Freude!"

„Ich weiß gar nicht, was Sie meinen", antwortete mir unsere Jobcenter-Fallmanagerin aufgrund meiner Bitte, die Behinderung meines Sohnes bei der Berechnung des Leistungsbescheides zu berücksichtigen und war auch nicht gewillt meinen Antrag zu verstehen.

Das Sozialgericht hat ihr dann aufgrund meiner Klageerhebung in einem dreiseitigen Urteil erläutert, was ich damit gemeint hatte. Daraufhin erhielt Nico künftig etwa 40 € monatlich mehr, die in jedem Monat für Sonderausgaben zügig aufgebraucht wurden. Für Bildung stehen Nico 1,30 € zur Verfügung. Das ist allerdings recht großzügig bemessen und wird aufgrund seiner geistigen Behinderung auch nicht in vollem Umfang in Anspruch genommen. Da erwirtschaften wir einen kleinen Überschuss. Gleichzeitig erfolgt mit so einem

Leistungsbescheid auch immer eine sogenannte Eingliederungsvereinbarung. Darin beklagt sich die Arbeitsagentur, dass es wohl nicht ausreicht, wenn sich ein pflegender Angehöriger rund um die Uhr der Betreuung widmet.

„Bemühen Sie sich intensiv um die Beendigung Ihrer Hilfebedürftigkeit", steht darin geschrieben. Eine Idee wäre die Abschiebung in ein Pflegeheim, um der Aufforderung der Arbeitsagentur nachzukommen.

Und weiter heißt es: „Bei der ersten wiederholten Verletzung der Grundpflichten wird das Arbeitslosengeld II um 60 % der [...] Regelleistung abgesenkt. Bei jeder weiteren wiederholten Pflichtverletzung entfällt der Anspruch auf Arbeitslosengeld II vollständig."

Jemand mit Burnout oder Depression verletzt sehr schnell mal seine Pflichten, wenn er seelisch und psychisch am Limit ist. Hilfe oder Verständnis für so eine Lebenslage gibt es nicht. Dann bleibt nur noch Fensterkitt als tägliche Mahlzeit. Allerdings nur so lange, bis die darauf folgende Räumungsklage durchgesetzt ist. Jemand, der Platte macht, geht auch seiner Fenster verlustig.

Fensterkitt könnte uns – Nico und mir – auch drohen. Nico als Teil der Bedarfsgemeinschaft, gerät durch mich in Sippenhaft. Wir beide sind ja derzeit in Deutschland unterwegs und dies stellt dementsprechend eine Pflichtverletzung dar.

„Sie sind verpflichtet, [...] bei einer Ortsabwesenheit vorab die Zustimmung des persönlichen Ansprechpartners einzuholen."

Residenzpflicht nennt man das. Regelmäßig einmal im Jahr sind wir irgendwo in einer Reha-Einrichtung. Mal in Köln, mal in Brandenburg. Es fällt mir nicht im Traum ein, das Arbeitsamt um Erlaubnis zu bitten, ob mein Sohn therapiert werden darf. Auch der Arge sollte es eigentlich wurscht sein, wo ich Nico die Windeln wechsle. In Hamburg oder in Köln. Wegen der Pflegestufe 3 stehe ich dem Arbeitsmarkt nun mal nicht zur Verfügung.

Alle sechs Monate sollte ich ein *aktuelles* medizinisches Gutachten über Nicos Behinderung vorlegen. Zwei Jahre benötigte ich, um mich endlich zum Widerspruch zu entschließen:

„Sehr geehrte Damen und Herren,

zu meinem Bedauern muss ich Ihnen mitteilen, dass bei meinem Sohn bislang keine Wunderheilung eingetreten ist. Wir beabsichtigen allerdings in den kommenden Wochen die Heilquellen von Lourdes aufzusuchen. Sollte sich dort eine Spontanheilung ergeben, lasse ich es Sie unaufgefordert wissen.

Freundliche Grüße"

Klar, dass ich wieder antreten musste, insbesondere wegen der genannten Residenzpflicht, der ich in Lourdes ja nicht nachkommen würde und weil ich mich weigerte, eine erneute Eingliederungsvereinbarung zu unterzeichnen. „Wer Leistungen erhält, muss auch Leistungen bringen", wurde ich belehrt. Ich belehrte zurück, dass ich knapp 600 € an Leistungen erhalte. Würde ich dem Druck nachgeben und meinen Sohn in einem Pflegeheim unterbringen, entstünden der Allgemeinheit wegen des hohen Assistenzbedarfs Kosten von beinahe 6000 €; das Zehnfache. Wer erhält also Leistungen?

„Und ist es etwa keine Leistung, einen Menschen rund um die Uhr zu pflegen?"

Kurz vor dem Hitzschlag erreiche ich Bergen. Frau von Meding kommt mir bereits entgegen. Ich bin ja mit dem Rolli nicht zu übersehen. Wer schiebt schon einen leeren Rolli durch diese Hitze? Frau von Meding ist eine überaus liebenswürdige Person und hat bereits gekühlte Getränke in ihrem Auto für mich bereitgestellt. Wir verstehen uns auf Anhieb. Sie lädt mich zu Kaffee und Kuchen ein. Den Bürgermeister und andere Gefolgsleute konnte sie leider, so sagt sie, nicht für diese Aktion interessieren. Macht nichts, ich denke mal wieder, es kommt eben auf die Qualität der Gesprächspartner an. Frau von Meding führt mich durch das Museum am Marktplatz, ein altes Bauernwohnhaus. Wir haben beide ein großes Interesse an archäologischen Themen. Beide hätten wir gern

Archäologie studiert. Sie hat auch bereits Bücher verfasst und ist als ehemalige Lehrerin sehr mit der Region vertraut. Beim Kaffee erzählt sie mir von ihrer Arbeit in Bergen-Belsen. Dort wurde Anne Frank im Konzentrationslager ermordet. Frau von Meding zeigt auf ein leer stehendes Eckgebäude. Sie plante, in diesem Haus ein Anne-Frank-Haus einzurichten. Ihr Projekt wurde aber vom Gemeinderat abgelehnt! Wie bitte?

Sie erzählt von den zahlreichen Ärzten und Juristen, die im KZ gewütet haben und dennoch nach Kriegsende in Bergen Praxen führen durften. Niemand wurde verurteilt, alle kamen zu Amt und Würden. Mir bleibt der Kaffee im Halse stecken. Spontan muss ich daran denken, dass Nico, als sogenanntes unwertes Leben, nach unbeschreiblichen Gräueltaten und perversen Experimenten von einem Doktor Mengele oder anderen Verbrechern, diese Zeit nicht überlebt hätte. Mir wird kotzübel.

Ich denke auch an meine liebe Freundin Antje Kosemund, die viele Jahre kämpfen musste, um die sterblichen Überreste ihrer Schwester Irma, die in Wien von den Nazischergen ermordet wurde, auf dem Ohlsdorfer Friedhof zu bestatten. Sie kämpfte gegen Professoren und hochrangige Politiker. Schließlich ist aber sogar eine Straße in Hamburg, der Irma-Sperling-Weg, nach ihrer Schwester benannt worden. Ein schönes Beispiel, das belegt, niemals kampflos aufzugeben. Das alles gegen den Widerstand der ewig Gestrigen. In ihrem Buch „Sperlingskinder" beschreibt Antje ihre Bemühungen, die Würde ihrer Schwester wieder herzustellen.

Nun wehrt sich dieses erbärmliche Dorf, das allen Grund hätte, seine Geschichte aufzuarbeiten, gegen ein Anne-Frank-Haus. Dieser unsägliche Geist der Vergangenheit liegt noch immer wie ein bleierner Mantel über diesem Ort. Ich bin froh, dass der Bürgermeister nicht erschienen ist. Besser: Er soll froh sein. Mir fallen ein paar unangenehme Fragen ein.

Nach einer herzlichen Verabschiedung beeile ich mich sehr, diesen würdelosen Ort wieder zu verlassen.

Inwendig warm, Tag 15
Bergen nach Celle, 25 Kilometer

Der mit dem Wolf tanzt

Es ist so weit: die ersten Zipperlein stellen sich ein. Auf dem rechten Fuß ist ein Zeh wundgescheuert. Zwar nur der kleine, tut aber weh, wie ein großer. Auf dem linken Fuß meldet sich erneut mein Fersensporn zurück und hindert mich am Abrollen des Fußes. Und in der Mitte meines Körpers habe ich mir einen Wolf gelaufen. Über Einzelheiten gebe ich keine Auskunft. Nur so viel: Es tut verdammt weh! Jeder Mann wird mir mitfühlend zustimmen. 25 Kilometer Schmerzen von Bergen bis nach Celle.

Ein Apotheker ist mein Freund und verkauft mir die rettende Heilsalbe. Ein kurzer Abstecher ins Gebüsch. Gucken, dass auch keiner guckt, Creme auf die Hand und ein schneller Griff in die Hose. Aaahhh. Hose schnell wieder hoch, damit niemand auf dumme Gedanken kommt, wackele ich weiter auf dem heißen Asphalt. Mein Gang erinnert ein wenig an Gary Cooper in High Noon. Aber der war nicht mit einem Gehwagen unterwegs, sondern saß nur zu lange auf einem Pferd. Und so fühle ich mich auch eher als ein Don Quijote de la Mancha. Der hatte es aber nur mit Windmühlen zu tun und nicht mit Wölfen.

Um die Schmerzen zu lindern, experimentiere ich ein bisschen mit meinem Wolf. Es ist ein richtiger Steppenwolf. Der Michael-Jackson-Griff erweist sich als die wirkungsvollste Methode. Eine Art Akupressur mit stützender Wirkung. Nun wird mir klar: Ich schreibe Musikgeschichte: Michael Jackson war gar nicht frivol. Der hatte sich einen Wolf getanzt!

Mit einer Hand unter dem Gürtel erreiche ich endlich Celle. Ich bin dort mit Alex Sorokin, einem Fotografen der Celleschen Zeitung verabredet. Wieder einmal Fotoshooting. Wieder einmal viele Fragen.

„Zum Bodensee?“

„Zu Fuß?“

„Laufen?“

„Na ja, ich hatte es erst mit Schweben versucht. Das klappte aber nicht!“

Alex schießt hundert Fotos von mir. Vor dem Rathaus, hinter dem Rathaus, im Rolli sitzend, mit dem Pfesel auf dem Lenker. Der Pfesel ist unser Vereinsmaskottchen. Christopher Klar, Mitglied in unserem Verein und gelernter Grafiker, hat ihn für unser Logo kreiert. Er wusste selbst nicht, ob es sich bei diesem drolligen Gesellen um ein Pferd oder um einen Esel handelt. So tauften wir ihn einfach Pfesel.

Es ist mir ein bisschen peinlich, wie ich so auf die Kamera zueile, von ihr weglaufe. Die Passanten gucken mich komisch an, während ich mit meinem Rollstuhl hin und her renne. Ist schon okay, als Fotograf würde ich es ja genauso machen. In der nächsten Ausgabe titelt die Cellesche Zeitung:

„Liebe zum Sohn treibt ihn an!“

Es ist vorbei, ich habe Wochenende! Nun muss ich nur noch mit der Bahn zurück nach Bergen fahren, wo mein Auto steht. Am Bahnhofskiosk fällt mir die Süddeutsche Zeitung in die Hände. Unter einem Bild von Merkel steht ein Zitat von Ihr:

„Deutschland ist so erfolgreich wie nie!“

Wieso ist unser Land so erfolgreich, wenn Hunderttausende vor den Suppenküchen anstehen? Wieso gibt es Kinderarmut? Wieso gibt es überhaupt Armut?

In anderen Quellen lese ich über gefälschte Armutsberichte. Ich sehe alte Menschen in Müllcontainern wühlen. In einem Kartenhaus, das einmal Solidargemeinschaft hieß. In einem Land, in dem es schwieriger ist, einem Steuerhinterzieher sein Vergehen nachzuweisen, als einem Hartz-IV-Empfänger zu bescheinigen, dass er keinen neuen Wintermantel benötigt. Gut, dass es so viele Menschen gibt, die trinken. Dann können die Alten wenigstens vom Flaschenpfand leben. Das ist doch sozialer Ausgleich.

Meine Bahn kommt.

Dennoch kämpfe ich weiter,
steh entgegen der Welt.
Kann ich nicht siegen als Held,
will ich doch fallen als Streiter.
Hermann Hesse

Inwendig warm, Tag 16
Nach Großburgwedel
Auf die Bahn ist Verlass

Ich bin spät dran. Der Wohnwagen steht inzwischen auf dem Campingplatz am Humboldtsee. Volker hat mir diesen Platz vermittelt. Ich brauche nicht einmal Gebühren zu zahlen. Jetzt muss ich schnell mit dem Auto nach Elze fahren. Von dort geht es weiter mit dem Zug nach Celle. Ich finde keinen freien Parkplatz. Ich könnte mich einfach auf einen Behindertenparkplatz stellen. Der Ausweis liegt im Auto. Das mache ich jedoch grundsätzlich nicht, ich habe Nico ja nicht dabei. So etwas ist asozial, im Übrigen ist es sogar eine Straftat, diesen Ausweis missbräuchlich zu verwenden. Endlich finde ich einen Platz fürs Auto. Noch zwei Minuten bis zur Einfahrt des Zuges.

Schnell die Fahrkarte gelöst und rauf auf den Bahnsteig. „Zug fährt vom gegenüber liegenden Bahnsteig“, steht es an der Tafel. Na klar. Am Fahrstuhl klebt ein großes Schild: „Vorübergehend nicht im Betrieb.“

„Das wird noch ein Jahr dauern“, erklärt mir eine freundliche Stimme von der Bahnhofsmission. „Und wie kommt ein Behinderter in den Zug?“, frage ich. „Tja, …“, entgegnet mir die Stimme schulterzuckend.

Ich stürze mit Gepäck und Rolli die Treppen hinunter um auf der anderen Seite wieder zum Bahnsteig zu gelangen.

Am Fahrstuhl klebt ein großes Schild …

Aber auf die Bahn ist Verlass: „Der Zug verspätet sich um 20 Minuten“, tönt es aus dem Lautsprecher. Puh! In Celle werde ich bereits erwartet und in die Bahnhofsmission verbracht. Ein heißer Kaffee, ein liebes Wort. Das tut gut. Der Rollstuhl zieht weiterhin nach rechts. Der Reifen ist nämlich immer noch platt. Bisher fand ich keine Möglichkeit einen Ersatzschlauch zu bekommen. In meinem Reisegepäck hatte ich mal einen. Ich finde ihn einfach nicht mehr wieder und fordere mich auf, unverzüglich ein ordentlicherer Mensch zu werden.

In Celle gibt es ein Sanitätshaus, erfahre ich und lasse mir den Weg beschreiben. Also, nix wie hin. Vorbei an der hübschen Altstadt finde ich es auf Anhieb. Es gibt hier alles: Krücken, Unterschenkelorthesen, Inkontinenzeinlagen, nur keine Schläuche für Rollis.

„Die haben wir im Lager", flötet die nette Kundenberaterin. „Da müssen Sie vorne links in die Hauptstraße abbiegen und dann fahren Sie ..."

„Halt", sage ich. „Ich bin zu Fuß."

„Zu Fuß?", ruft sie entsetzt. „Das ist viel zu weit, mindestens vier Kilometer."

Sie beschreibt mir noch den Weg und ich trabe los. Endlich erreiche ich die Straße, in der das Sanitätslager sein soll. Oh, diese Hitze. Immer diese Hitze! Natürlich, letzte Hausnummer, ganz am Ende ist der Laden. Ich stöhne und fluche im Wechsel. Der Techniker ist freundlich und setzt mir einen neuen Schlauch ein. Kostenlos. Weil ihm meine Tour gefällt, schenkt er mir auch noch einen Ersatzschlauch. Auf den werde ich nun besonders achtgeben, denn meine Unordnung hat mir 8 Kilometer zusätzliche Wegstrecke beschert. Das möchte ich ungern noch einmal erleben.

Nun kann die Etappe mit drei Stunden Verspätung endlich losgehen. Nach stundenlangem Fußmarsch unter beißender Sonne, erreiche ich endlich mein Etappenziel, Großburgwedel. Ich bin mal gespannt, ob ich an dem berühmten Einfamilienhaus des Christian W. vorbeikomme. Unser ehemaliges Staatsoberhaupt ist einer der wenigen Rentner in Deutschland, der mit seiner Pension einigermaßen über die Runden kommt. Und das mit einer sensationell kurzen Lebensarbeitszeit. Endlich erreiche ich die Pestalozzi-Stiftung, mein Etappenziel. Der Leiter dieser Einrichtung, Herr Fitschen, empfängt mich mit einer eisgekühlten Coca Cola. Die Stiftung ist eine kirchliche Einrichtung und bietet über 650 Mitarbeitern ein breites Angebot an sozialen Dienstleistungen in der Jugend- und Behindertenhilfe. Nach vielen netten Gesprächen mit den Bewohnern und den Betreuern der Stiftung fährt mich Herr Fitschen freundlicherweise nach Hannover. Dort, im Annastift, werde ich übernachten, damit ich nicht wieder den weiten Weg zum Wohnwagen zurückfahren muss.

Im Annastift überkommen mich böse Erinnerungen aus der Vergangenheit. Hier wurde Nico an seinen Füßen operiert. Wegen seiner Spastik knickten die Füße zur Seite weg, so dass er nur noch auf den Knöcheln laufen konnte. Trotz Stützschienen, sogenannte Orthesen, ließ sich diese Entwicklung nicht aufhalten. Das Annastift sollte die erste Adresse sein, um eine Korrektur durchzuführen. Dazu wurden die Füße seitwärts aufgeschnitten, gerichtet und ein Stück Knochen aus der Hüfte zur Fixierung in die Fußknochen eingesetzt.

Es war die Hölle! Wer jemals eine Fußreflexzonenmassage genossen hat, weiß, wie empfindlich Füße sind. Nach einer stundenlangen Operation, für uns Eltern eine gefühlte Ewigkeit, lag Nico nun im Aufwachraum und machte langsam die Augen auf. War die Welt zuvor für ihn noch in Ordnung, hatte er nun dicke Füße, zwei Gipsverbände und starke Schmerzen. Seine Hilflosigkeit schnürte mir die Kehle zu. Wie erklärt man einem kleinen Jungen, der geistig behindert ist, die Notwendigkeit so einer Maßnahme? Schläft durch das Narkosemittel vertrauensvoll in den Armen von Mama und Pabba ein und wacht mit schmerzenden Klumpfüßen wieder auf.

Zwei Wochen haben wir im Krankenhause zugebracht. Täglich wurden die Gipsverbände geöffnet und die Wunden versorgt. Nachts habe ich auf einer mitgebrachten Campingliege neben ihm geschlafen. Ein Bett für die Begleitperson gab es nicht. Schlafen kann man so nicht sagen, denn im 15-Minuten-Takt kam die Nachtschwester herein, weil immer eines der Kinder vor Schmerzen weinte. Als besonders ärgerlich und zeitweise unerträglich erwies sich der Kontakt mit den Schwestern, deren Umgang mit Nico von einer nie zuvor gekannten und auch nie wieder erlebten Unfreundlichkeit gekennzeichnet war. Die Ärzte standen den Schwestern in nichts nach. Einmal, es war Sonntag, musste der diensthabende Arzt wegen der nicht nachlassenden Schmerzen gerufen werden. Stumm, wie ein Fisch, kam er nach anderthalb Stunden ins Zimmer, würdigte uns keines Blickes, drückte hier, drückte da und verschwand ebenso stumm und grußlos durch die Eingangstür.

„Was ist denn jetzt?“, fragte ich genervt die Schwester.

Die knappe Antwort: „Er kriegt noch'n Zäpfchen.“

Trotz der Schmerzen musste Nico einmal täglich Gymnastik machen. Das war medizinisch sicher notwendig. Die Physiotherapeutin, die ihm zuvor noch die Gipsverbände öffnen musste, schien ebenso gestresst wie lustlos. Der Ratschlag, die Zähne zusammenzubeißen geht bei einem insbesondere geistig behinderten Kind erwartungsgemäß ins Leere.

Nico brüllte bereits bei ihrem Anblick voller Panik los.

„Können Sie nicht etwas feinfühliger vorgehen?“, fragte ich.

„Dafür haben wir hier keine Zeit“, kam die unfreundliche Antwort.

„Wenn Du nicht mithilfst, tue ich Dir weh“, war das Letzte, das sie von sich geben konnte. Kurz davor, sie zu verhauen, packte ich sie am Arm und warf sie kurzerhand aus dem Krankenzimmer.

„Sie fassen meinen Sohn nicht mehr an“, fluchte ich hinter ihr her.

Die Nerven lagen blank.

Künftig kam ihre Kollegin, die sich zumindest bemühte, die Schmerzen in einem für Nico erträglichem Maße zu halten und ihn freundlich, rücksichts- und würdevoll behandelte. Trotzdem: Die Folge dieser unsensiblen und rüden Behandlungsmethode war, dass er für die Krankengymnastik nur noch schwer zu begeistern war. Er lehnte es auch konsequent ab, sich auf die schmerzenden Füße zu stellen. Sein Trauma brachte uns eine mehrmonatige Reha-Maßnahme in Brandenburg ein.

Die Rahmenbedingungen waren dort deutlich angenehmer. Das Personal war wohltuend freundlicher und die Stimmung sehr viel gelöster. Dennoch, die Kinder, die ohne Begleitung ihrer Eltern behandelt wurden, erhielten auch keine Zuwendung mit Samthandschuhen.

Ein Junge, etwa zehn Jahre alt, fiel mir ganz besonders auf. Er musste wohl auch das Laufen neu lernen und war den ganzen Tag mit Stützen und Rollator unterwegs. Sicher gehörte er nicht zu den Tapfersten seiner Gruppe. Voller Panik, mit hochrotem Kopf musste er tränenreich hinter den Schwestern, die das Tempo vorgaben, an seinen Krücken zum Essen humpeln. Einmal rief er mich um Hilfe. Er stand in einem Stehständer festgebunden und konnte sich nicht rühren.

„Onkel, hilfst Du mir mal", flehte er mich an. „Ich habe in die Hose gepullert!"

„Warte mal, mein Kleiner" beruhigte ich ihn. „Ich sag mal bei der Schwester Bescheid."

„Der bleibt da stehen", war die kaltschnäuzige Antwort. „Da muss er durch. 20 Minuten muss er noch so stehen bleiben."

Vielleicht bin ich zu entsetzt gewesen, ich schäme mich noch heute, ihm nicht geholfen zu haben. Ihm zur Ehre habe ich mir vorgenommen, so ein würdeloses Verhalten nie wieder durchgehen zu lassen.

Endlich konnten wir wieder nach Hause fahren. Nach ein paar Monaten war aber eine weitere Reha-Maßnahme notwendig. Nico hatte noch immer Angst, seine Füße aufzusetzen. So tief saß das Trauma dieses unsäglichen Krankenhausaufenthaltes. Dieses Mal waren wir in einer Einrichtung in Kreischa bei Dresden untergebracht. Hier sollten wir drei Monate verbringen. Eines Tages fuhr ich in die Stadt, um Geld zu holen. Es war Anfang des Monats und das Pflegegeld müsste auf dem Konto sein. War es aber nicht. Der Geldautomat streckte mir die rote Zunge raus. Zurück in der Klinik, rief ich bei der Krankenkasse an.

„Nö, Pflegegeld gibt es nicht mehr", hörte ich die Stimme am anderen Ende der Leitung. „Sie sind ja schon vier Wochen in der Einrichtung. Danach gibt es kein Pflegegeld mehr!"

„Aber ich pflege doch noch“, sagte ich. „Die Schwestern können das nicht. Sind viel zu wenige. Und überhaupt, wie komme ich denn nach der Reha wieder nach Hause? Ohne Geld!“

„Wenn der Arzt ihnen die Notwendigkeit bescheinigt, übernehmen wir die Kosten für den Rücktransport. Dann können sie mit einem Krankenwagen zurückfahren.“

„Einen Krankentransport für hin und zurück über 1000 Kilometer?“, fragte ich skeptisch.

„Kein Problem!“

„Und das Gepäck, Therapiefahrrad, Rollstuhl, Rollator?“, fragte ich weiter.

„Können Sie doch im Krankenwagen mitnehmen.“

„Und mein Auto, das steht jetzt hier. Ohne Geld kann ich damit nicht nach Hause fahren.“

„Tja, das tut mir sehr leid, aber das ist Ihr Problem!“

Ich hätte es wissen müssen. Bei unseren morgendlichen Ausflügen in der benachbarten Parkanlage begegneten wir regelmäßig einer Mutter, die ihre Tochter spazieren führte. Das Mädchen lag in einem Spezialrollstuhl, eigentlich eine rollende Intensivstation, die mit Sauerstoff und zahlreichen blinkenden Geräten ausgestattet war. Sie ging meist grußlos an uns vorüber. Mir war allerdings klar, dass sie nicht unhöflich war. Sie war einfach völlig fertig. Einmal kamen wir doch ins Gespräch. Sie erzählte mir, dass sie schon viele Monate in dieser Einrichtung ihre Tochter betreute. Das Kind bekäme immer wieder Erstickungsanfälle und musste schon mehrfach reanimiert werden. Wie hält man so eine Situation durch, dachte ich bei mir. Sie lebe von Hartz IV, erzählte sie. Allerdings zahle die Arge lediglich die Mietkosten. Sie sei in der Klinik ja ausreichend versorgt und benötige deshalb keine weiteren Leistungen für das tägliche Leben. Meinte jedenfalls die Arge. Auch das Pflegegeld wurde schon vor vielen Wochen nicht mehr weitergezahlt. Sie hatte überhaupt keine Kraft mehr, dagegen aufzubegehren. Die täglichen Anfälle, die ständige Sorge um ihre Tochter, raubten ihr das letzte Bisschen an Energie.

So, nun war ich dran. Keine Kohle mehr. Aber ich hatte noch Energie. Mit der Sozialarbeiterin der Klinik, die viele solche Schicksale kannte, entwickelte ich einen Plan: Wenn ich kein Pflegegeld mehr erhalte, bin ich auch nicht mehr der Pfleger. Das muss das Klinikpersonal dann selber leisten. Dazu müsste Nico auf einer Station mit besonderem Assistenzbedarf untergebracht werden. Die Kosten hierfür waren entsprechend hoch. Den Kostenvoranschlag übersandte ich der Pflegekasse.

Für mich hätte diese Verlegung erhebliche Auswirkungen gehabt. Da ich dann nicht mehr Begleitperson wäre, hätte ich keinen Anspruch mehr auf ein Bett und könnte an den Mahlzeiten nicht mehr teilnehmen. Ohne einen Pfennig Geld hätte ich dann im Auto übernachten müssen. Aber das nahm ich in Kauf. Die Autositze hätte ich ausgebaut und mir ein komfortables Nachtlager eingerichtet. Diese Show wollte ich durchziehen und hoffte auf eine Signalwirkung.

Zwei Tage später rief mich die Sachbearbeiterin der Pflegekasse an: „Ich habe noch einmal mit meiner Vorgesetzten gesprochen“, flötete sie. „Wir werden im Zuge einer Einzelfallentscheidung das Pflegegeld weiterzahlen.“

Welch Überraschung!

Alle diese Gedanken ziehen an meinem geistigen Auge vorbei. Ich liege in einem warmen Bett und nicht auf einer klapprigen Campingliege. Dass die Schwester hereinstürzt und das Licht anmacht, ist vermutlich nicht zu erwarten.

Mühsam schlafe ich, mich hin- und herwälzend, ein.

Inwendig warm, Tag 17
Nach Hannover
Integration und Inklusion

Heute Nacht habe ich trotz der bösen Erinnerungen geschlafen wie ein Bär. Nach einem opulenten Frühstück mit viel Kaffee fahre ich zurück zur Pestalozzi-Stiftung. Dort gibt es erst mal wieder eisgekühlte Coca Cola von Herrn Fitschen und eine nette Verabschiedung durch die Mitarbeiterinnen der Stiftung. Die Einrichtung macht wirklich einen guten Eindruck. Sollte es mit „Nicos Farm“ nichts werden, würde ich sicher überlegen … Nein, diesen Gedanken verwerfe ich. Es wird was mit Nicos Farm! Selbstverständlich. Eine Reporterin von einer Hannoveraner Zeitung ist noch dabei. Kleines Interview und ab geht die Post.

Herr Fitschen hat mir liebevoll einen Wandervorschlag erstellt, der mich etwas abseits von den Straßen durch den Wald führt. Ich bin natürlich skeptisch, denn mit Wandervorschlägen habe ich extrem schlechte Erfahrungen gemacht. Aber eine andere Route habe ich nicht und deshalb wandere ich, seinem Ratschlag folgend, los. Mein Vertrauen wird mit schönen Wegen, Wald, Wiesen und Feldern belohnt. Mein Wolf hat sich inzwischen verabschiedet. Wölfe lieben es nicht, ständig eingecremt zu werden. Den wundgescheuerten kleinen Zeh habe ich allerdings noch nicht in den Griff bekommen. In den Abenteuerexpeditionen zum Nord- und Südpol und auf den Bergen im Himalaya wird ja gern mal über Notamputationen berichtet, um die Spannung für den geneigten Leser ins Unerträgliche zu steigern. Ich behalte mir diese Option aber nur als Ultima Ratio offen, denn ohne Kameramann wäre der Beitrag viel zu unspektakulär. So wackele ich einfach weiter. Es ist auch heute unerträglich heiß! Selbstverständlich verlaufe ich mich wieder. Was nützt es mir, wenn ich die Richtung weiß, der Feldweg aber in einem großen Bogen fast wieder zurückführt? Endlich erreiche ich wieder eine Straße mit Schildern,

Autos und Leuten, die ich nach dem Weg fragen kann. Und ich kann Mittag essen. Seit Stunden bin ich unterwegs und könnte mal wieder etwas Energie nachfüllen. Bei einem Kroaten entdecke ich eine preiswerte Mittagskarte. Den Rolli parke ich auf der Straße, direkt vor der Restaurantscheibe. Durch das Vorderrad ist er so groß, dass ich ihn nicht hineinnehmen kann. Die reichhaltige Mahlzeit fordert ihren Tribut: ich falle ins Schnitzelkoma. Nur mühsam schleppe ich mich weiter, irgendetwas zieht an meinen Augenlidern.

Ein paar Kilometer habe ich noch vor mir. Mein Chefkoordinator Volker ruft auch schon an:

„Wo bist Du denn? Wo bleibst Du?"

Seine Kilometerangaben stimmen nie! Und die Zeitvorgaben stimmen erst recht nicht. Und mir wird endlich klar: er ist gar kein Mathelehrer. Volker lotst mich per Telefon zu einem Treffpunkt, an dem er sich mir anschließen will. Später wird er rotzfrech behaupten, er sei zwei Kilometer mitgelaufen. Ich kommentiere das nicht. Wir gehen gemeinsam zum Teilhabezentrum Hannover-Linden. Es ist ein schöner Empfang. Vor der Einrichtung sind zahlreiche Tische aufgebaut, ein richtiges kleines Café, das zum Verweilen einlädt. Viele Menschen mit Behinderungen sitzen hier, halten Schwätzchen, trinken Kaffee. Ich unterhalte mich sehr angeregt mit der Leiterin dieser Einrichtung, Rita Oelsmann-Wolf. Sie führt diese Einrichtung mit viel Herzblut und großem Engagement. Es ist ein schönes Beispiel, wie man Integration und Inklusion ohne großen Aufwand, vor allem lebendig, umsetzen kann.

Volker regt an, noch einen Happen zu essen. Seine gefühlten zwei Kilometer haben ihn sichtlich hungrig gemacht. Wir treffen noch einen alten Weggefährten von Volker, Klaus Gehrke, der uns zum Essen bei Toto, dem Stammitaliener der beiden, einlädt. Lecker Wein im Kopf, lecker Pizza im Bauch, verabschieden wir uns nach einem inwendig warmen Abend.

Auf dem Rückweg komme ich an einem Kiosk vorbei. In schwarzen Lettern prangt auf einer roten Zeitung etwas von

Katastrophe. Ich sehe mir das mal näher an und lese, dass Deutschland ein lebensnotwendiges Fußballspiel vergeigt hat.

„Wisst Ihr Schreiberlinge, was eine Katastrophe wäre, eine nationale Katastrophe?“, zitiere ich den Kabarettisten Georg Schramm.

„Eine nationale Katastrophe wäre, wenn die über 100.000 Pflegebedürftigen in den deutschen Heimen, die mit offenen Geschwüren herumliegen, weil das Personal fehlt, um sie einmal in der Stunde umzudrehen, alle gleichzeitig um Hilfe schreien würden. Das wäre eine nationale Katastrophe!“

Inwendig warm, Tag 18
Nach Nordstemmen

„Ich reite auf dem Wind“

„Hallo, Sie da!“ Ich drehe mich um, eine Gruppe fröhlicher Menschen taucht hinter mir auf. „Wir haben heute in der Zeitung gelesen, dass Sie hier starten wollen. Da wollen wir Sie gern kennenlernen und Sie verabschieden“.

Das ist ja nett. Heute starte ich bei der Annakirche, auch Weidenbaumkirche genannt. Sie ist eine ganz besondere Kirche, denn sie ist nicht aus Stein gebaut, sondern es ist ein haushohes Geflecht aus Weiden und im Boden verwurzelt. Sozusagen eine lebendige Kirche. Endlich mal eine lebendige Kirche. Das Konzept habe ich mir für Nicos Farm schon mal vorgemerkt und zum Zwecke des Abkupferns bereits ein paar Fotos geschossen. Meine Gläubigkeit, insbesondere meine Meinung zur Kirche, hält sich zwar, freundlich ausgedrückt, in Grenzen. Aber dieser besondere Kontakt zur Natur und, durch Nico bedingt, die verbindende Berührung zu Menschen mit Behinderungen macht mich schon ein wenig sentimental und anfällig für spirituell-philosophische Gedankenspiele.

Hier ist man, wenn man denn gläubig ist, dem lieben Gott viel näher als im Petersdom oder in jeder pompösen Kathedrale. Sozusagen vom Schöpfer persönlich gebaut. Ich erzähle ein bisschen von der Wanderaktion und über meine Motive. Ich laufe wieder einmal offene Türen ein, denn diese lieben Menschen wohnen und arbeiten im Annastift, eine Einrichtung, die auch Menschen mit Behinderungen betreut.

Einen Augenblick später erscheint Pastor Dr. Ley, der theologische Leiter dieser Einrichtung. Wir unterhalten uns sehr angeregt. Er bereitet den Altar vor und es entsteht spontan ein kleiner Gottesdienst. Er hat für mich ein Gebet aus Südafrika herausgesucht, dass er mir mit auf meinen Weg geben möchte: „Lass mich langsamer gehen, Herr. Entlaste das eilige Schlagen meines Herzens.“

Volltreffer! Ich fühle mich sehr angesprochen und sehr berührt.

Geduld gehört nicht zu meinen herausragendsten Eigenschaften. Der liebe Gott möge mir Geduld geben. Und zwar sofort!

Ich bin ungeduldig. Ich möchte unser Wohnprojekt Nicos Farm realisieren. Nicht morgen. Heute. Sofort!

Ich möchte, dass diese schändliche Pflegesituation beendet wird. Für Alte, Gebrechliche, Behinderte und für deren Angehörige.

Nicht morgen. Heute. Sofort!

Ich will mich nicht damit abfinden.

„Lass mich langsamer gehen, Herr."

Pastor Ley stellt mir Rudolf Möckel vor. Rudolf kann nicht nur Gitarre spielen und dazu singen, er kann auch komponieren. Eines seiner Lieder hat er mitgebracht und beginnt zu spielen. Es scheint, als habe er dieses Lied für mich geschrieben. Aber das ist natürlich zu viel der Ehre. Rudolf hat einfach eine ganz besondere Sensibilität. Ich bin sicher, dass sich viele Menschen mit diesem wunderschönen Lied identifizieren und sich darin wiederfinden.

Hier ein Auszug:

„Und der Wind, er zaust die Bäume,
scheucht die trägen Wolken fort,
dreht den Wetterhahn behände
von Südost in Richtung Nord.
Fegt die Blätter von den Wegen,
reißt die Morgennebel auf,
streckt mir seine Hand entgegen,
hält nicht an in seinem Lauf.
Und ich schließ' die Jacke fester,
hol' den Schal aus meinem Spind,
greif nach Handschuh' und Südwester,
und ich reite auf dem Wind.
Jeder Tag ein Hürdenrennen!,

fühl mich wie ein Känguru,
und 'ne Menge Stolpersteine
setzen meinen Füßen zu.
Hinter jeder fünften Ecke
steht ein fieser Füsilier,
wirft aus sicherem Verstecke
Knüppel in die Beine mir.
Doch, ich weiß, egal wie viele
Etappen noch zu meistern sind:
Ich komm' alle Mal zum Ziele,
denn ich reite auf dem Wind.
Und so schlapp' ich durch mein Leben,
schlag mich durch, mal gut, mal schlecht.
Werd die Welt nicht aus den Angeln heben
Und mach's keinem recht.
Weiß dafür, woher ich komme
und wohin ich einmal geh.
Weiß, wozu ich lebe und bin reicher als ein Großbankier.
Ich hab' viele Fragen,
doch ich laufe nicht im Labyrinth.
Auch Rätsel bleiben oft genug,
doch ich reite auf dem Wind."
(Copyright by *Rudolf Möckel*)

Ich bekomme noch einen großen Beutel, verziert mit Sonnenblumen und voller Reiseproviant geschenkt und dann endet diese wunderschöne Verabschiedung. Ich finde kaum die richtigen Worte. Aber das passiert mir ja andauernd.

Inzwischen ist auch Susanne Hallermann mit ihren Kindern Justin und Patty etwas verspätet angekommen. Lilly ist auch dabei. Lilly ist ihr großer Zottelhund.

„Ihr habt gerade etwas Großartiges versäumt", begrüße ich sie.

Wir wollen nun gemeinsam nach Nordstemmen wandern. Susanne ist, wie ich, Mitglied im Verein „wir pflegen", einer bundesweiten Interessengemeinschaft pflegender Ange-höriger, und engagiert sich, inzwischen als Vorstands-mitglied, mit viel Herzblut in der Initiative „Armut durch Pflege“. Hier informiert und berät sie Menschen, die aufgrund einer häuslichen Pflegesituation in Armut geraten. Als Betroffene kennt sie die Probleme nur all zu gut. Auch Justin und Patty sind großartig. Es ist die reinste Freude, mit ihnen schwatzend und lachend durch die Straßen zu ziehen.

Plötzlich stehen wir vor dem Politikbüro von Doris Schröder-Köpf, der Exgattin unseres Ex-Kanzlers. Auf einem Schild an der Tür steht: „Bitte klingeln“. Das machen wir doch mal. Der Büroleiter, Dr. Marc-Dietrich Ohse, begrüßt uns. Leider ist seine Chefin nicht im Büro. Schade, ich hatte gehört, sie soll sich sehr für soziale Belange engagieren. Aber auch Herr Dr. Ohse ist sehr aufgeschlossen und verspricht, unser Anliegen in der Region weiterzuleiten. Und er hält sein Wort. Denn später meldet sich aufgrund seiner Information die Sekretärin des Bürgermeisters von Holzminden, der mich am Samstag begrüßen möchte. Auch auf der Homepage von Doris Schröder-Köpf wird ein paar Tage später über unsere Wanderung berichtet.

Die Kinder sind inzwischen ziemlich ausgepowert. Bis Nordstemmen sind es noch einige Kilometer zu viel. Parallel zu unserer Route verläuft die Straßenbahnlinie so verführerisch, dass Susanne beschließt, umzudrehen und zu ihrem Auto zurückzufahren. Bevor wir uns verabschieden, lade ich alle zum Eis essen ein. Ich bin überrascht, dass es Kinder gibt, die mit nur einem einzigen Eisbecher auskommen. Das bin ich nicht gewohnt. Über diese neue Bescheidenheit muss ich unbedingt mal mit meinem Wanderkollegen diskutieren. Die paar Kilometer nach Nordstemmen stemme ich alleine.

Mit wunden Füßen komme ich Stunden später dort an. Nun muss ich mit der Bahn irgendwie wieder zurück nach Elze gelangen. Dort steht ja seit zwei Tagen mein Auto. In zehn Minuten soll mein Zug fahren. Plötzlich rollt ein Hinweis auf der Anzeigetafel durch: „Dieser Zug verspätet sich um 40 Minuten“.

Och nö! Ich setze mich in den Rolli und döse in der noch immer heißen Sonne. Was habe ich mit der Bahn schon alles erlebt.

Einmal wollte ich mit Nico zu einem Folklorefestival nach Bad Rappenau, in der Nähe von Stuttgart, fahren. Unsere Freunde, die dieses Open-Air-Festival regelmäßig in einem alten Schlosshof ausrichten, hatten uns eingeladen. Weil wir immer gern mitten im Leben sein wollen, hatten wir alles dabei: Zelt, Schlafsäcke, Isomatten. Wir waren gepäckmäßig also gut bestückt. Nico liebt es, in einem Zelt zu übernachten. Jeder Junge braucht eine Höhle, in der er sich geborgen fühlen kann. Damit wir dem Gedränge beim Einsteigen in den ICE entgehen, wollte ich nicht im Hauptbahnhof zusteigen, sondern schon eine Station vorher. So könnten wir in aller Ruhe unseren Platz aufsuchen und das Gepäck verstauen.

Am Bahnhof angekommen, sah ich schon von weitem den großen Bauzaun, der den Fahrstuhl verdeckte.

„Wegen Bauarbeiten nicht in Betrieb".

Also die lange Treppe hoch. Vor der Treppe standen drei schwarze Sheriffs und unterhielten sich angeregt.

„Könnten Sie vielleicht mal anfassen?", fragte ich zaghaft.

„Nö", schüttelte einer mit dem Kopf.

„Dürfen wir nicht", kam von einem anderen entschuldigend hinterher. „Aus versicherungstechnischen Gründen!", ergänzte der Dritte. Hm, dachte ich beim Anblick der drei Kameraden mit der Statur von Bodybuildern. Breite Gürtel um die Hüften und bewaffnet mit Schlagstock, Handschellen und Pfefferspray.

Hoffentlich ist dann wenigstens die Festnahme von renitenten Schwarzfahrern versicherungstechnisch abgedeckt. Und es gibt doch eigentlich für alles eine Versicherung: Hagel, Blitzschlag, Hochwasser... Aber anscheinend gibt es wohl keine „Oh-mir-ist-der-Rollstuhl-aus-der-Hand-gerutscht-Versicherung".

Also wuchtete ich Nico aus seinem Rollstuhl und setzte ihn unten, vor den Augen dieser drei Freunde auf der Treppe ab. So kann er mir nicht entkommen. Ihn im Rolli sitzen zu lassen, ist zu gefährlich. Er könnte auf Tour gehen und, umtriebig, wie er ist, ins Gleisbett fallen. Das könnte versicherungstechnisch wieder Probleme auslösen. Dann brachte ich zunächst den Rucksack nach oben. Einer der Muskelmänner rief mir noch aufmunternd hinterher:

„Informieren Sie sich doch beim nächsten Mal im Internet. Dort sind die defekten Fahrstühle aufgelistet".

„Herzlichen Dank für diesen tollen Tipp".

Alsdann holte ich den Rollstuhl nach. Zum Schluss klemmte ich mir 65 Kilogramm Kind unter den Arm, schleppte es keuchend die Treppen hinauf und setzte es oben wieder in den Rolli. Die Dreier-Schwatzrunde würdigte uns keines Blickes. So schob ich nun ab zum anderen Gleis.

Schon klar – großes Schild am Fahrstuhl: „Wegen Bauarbeiten vorübergehend nicht im Betrieb".

Das Ganze also umgekehrt. Erst Kind nach unten, auf die Stufen gesetzt. Dann Gepäck hinterher. Auf halbem Weg kam mir dann auch schon ein lieber Mensch mit dem Rollstuhl entgegen. Es sollte nicht verschwiegen werden, dass es auch hilfsbereite Zeitgenossen gibt. Bedauerlicherweise gestattet die menschliche Psyche es wohl nicht, die positiven Begegnungen intensiver zu erfassen. In Stuttgart angekommen, mussten wir umsteigen. Auf dem Nachbargleis stand bereits unser Zug zur Weiterfahrt bereit. Eine alte Bimmelbahn, eine richtige schwäb'sche Eisenbahn. Eine, bei der man die Türen immer so schwer aufbekommt und sich mit Kraft von innen gegenwerfen muss, wenn man aussteigen möchte. Deshalb soll man ja auch die Türen erst öffnen, wenn der Zug hält, falls man durch den Schwung auf den Bahnsteig fällt.

Direkt vor dem Schwerbehindertenabteil stand unser Zugbegleiter und beobachtete unser Treiben. Ich öffnete die Tür und staunte. Genau in der Mitte befand sich eine Stange, die uns am Einsteigen hindern wollte. Da passen wir nicht durch, sah ich mit meinem geschulten Auge. Also packte ich

Nico wieder aus dem Rolli raus und trug ihn ins Abteil. Der Zugbegleiter sah unserem Transfer gelangweilt zu. Nochmals wollte ich mir keinen Vortrag über versicherungstechnische Vertragsformalitäten anhören und sprach ihn erst gar nicht an. Ich bekomme bei derartigen Aktionen immer leichten Puls, aus Sorge, der Zug könne abfahren, während ich noch auf dem Bahnsteig unser Gepäck sortiere. Andersherum wäre es allerdings viel schlimmer, nämlich, wenn ich im Zug bin, der fährt ab und Nico bleibt allein auf dem Bahnsteig zurück.

So passiert auf einem Hamburger Bahnhof: Mutter mit Kinderwagen lädt Taschen ein. Türen klappen zu, Zug fährt ab und Kinderwagen mit Kind steht auf dem Bahnsteig. Mutter gerät in Panik, zieht die Notbremse. Greift ins Leere, funktioniert nämlich nicht. Mutter dreht durch und ruft Vater an. Der verständigt die Polizei, die dann mit Blaulicht zum Bahnhof rast, um das Baby in ihre Obhut zu nehmen. Wer nun glaubt, die Bahn hätte sich demütig entschuldigt, könnte verwundert zur Kenntnis nehmen, dass die Mutter eine Strafanzeige wegen unerlaubten Betätigens der Notbremse erhielt.

Der Schaffner sah mir immer noch gelangweilt zu, wie ich den Rollstuhl zerlegte. In einem Stück passte der nicht durch die Tür. Nico beobachtete amüsiert mein Treiben durch die Fensterscheibe und freute sich, weil ich mir grundsätzlich in den Speichen der Räder meine krummen Finger einklemme.

Endlich ist alles verstaut. Abfahrt.

Am nächsten Bahnhof sah ich von weitem zwei Rotkreuzler, die eine Frau im Rolli zum Zug bringen, um sie bei uns, im Schwerbehindertenabteil, einzuladen. Na, das wird ja spaßig, dachte ich noch so bei mir. Der Schaffner kam, kramte aus seiner Hosentasche einen Schlüssel heraus, und – mich traf der Schlag!

Er schloss diese verflixte Stange auf und klappte sie einfach nach innen weg.

„Warum haben Sie das denn nicht bei uns gemacht?“, fragte ich ihn bei der Fahrkartenkontrolle.

„Hätten Sie anmelden müssen", sagte er knapp, knipste die Karte durch und ging wortlos weiter, während ich Schnappatmung bekam.

Die Rückfahrt war auch spannend. Nach einem herrlichen Wochenende mit viel fröhlicher irischer und schottischer Folklore, uns freundlich gesinnten Menschen, mit Gesang und Tanz – Nico liegt das Tanzen im Rolli – saßen wir wieder im ICE nach Hamburg.

Zu dumm, ich hatte blöderweise den Behindertenausweis im Rucksack verstaut. Ganz unten natürlich. Aber das Nico schwerstbehindert ist und Assistenzbedarf benötigt ist ja für jeden nachvollziehbar und unschwer erkennbar. Es sei denn, man ist Mitarbeiter eines großen kundenorientierten Transportunternehmens.

„Die Fahrkarten bitte", tönte es über den Gang. „Entschuldigen Sie bitte, ich habe den Behindertenausweis leider vergessen. Aber, Sie sehen ja …"

„Nee, ich sehe gar nichts", unterbrach er mich.

„Ja, aber ich bin doch die Begleitperson, brauche keine Fahrkarte."

„Ohne Behindertenausweis müssen Sie eine Fahrkarte nachweisen".

„Aber es ist doch offensichtlich, dass mein Sohn Hilfe braucht."

„Für mich ist es nur offensichtlich, wenn Sie einen Ausweis mit dem Vermerk „B – Begleitperson erforderlich" vorzeigen. Wenn Sie keine Fahrkarte haben, müssen Sie aussteigen."

Jetzt tief Luft holen, Ruhe bewahren! Ich hätte den Rucksack ausschütten können. Aber manchmal kann ich den Rebellen in mir nicht zur Ordnung rufen. Gegen diese Natur komme ich immer sehr schlecht an.

„Na gut", sagte ich. „Dann steige ich an der nächsten Station aus. Sind Sie dann so nett und kümmern sich um meinen Sohn? Er fährt bis zum Hauptbahnhof. Dort müssten Sie ihn dann der Bahnhofsmission übergeben. Ach ja, die Windel ist wohl bald fällig. Dort, in der schwarzen Tasche sind Ersatzwindeln."

„Ich mache gar nichts", kam prompt die gereizte Antwort. „Eine Betreuung hätten Sie anmelden müssen."

„Okay, dann mache ich einen Vorschlag zur Güte. Sie informieren die Bahnpolizei und die tragen uns beide an der nächsten Station aus dem Zug. Ich hoffe, das ist versicherungstechnisch machbar."

Mit einem ganz finsteren Gesicht zog er Leine. Ohne Bahnpolizei kamen wir Stunden später in Hamburg an. Beim Aussteigen stand unser Freund ausgerechnet vor unserer Tür und unterhielt sich mit zwei weiteren uniformierten Damen. Alle drei würdigten uns keines Blickes und schnatterten munter weiter. Na klar, hatte ich ja nicht angemeldet. Mein Versuch, mit ihm Freundschaft zu schließen, war dank meiner nur ungenügend ausgeprägten diplomatischen Veranlagungen gründlich missraten.

Die Lautsprecheransage reißt mich aus meinen Träumen.

„Aus technischen Gründen läuft der Zug nach Elze auf dem gegenüberliegenden Gleis ein."

Noch während der Lautsprecher schnarrt, rollt der Zug auch schon ein. Alle, die mit mir gewartet haben, stürzen nun den langen Weg hinunter, um auf den anderen Bahnsteig zu gelangen. Ich stürze hinterher. Auf der anderen Seite führt nur eine lange Treppe hinauf. Ich klemme mir dieses Riesengeschoss von Rollstuhl unter den Arm und haste damit die Treppen hoch. Durch das zusätzliche Vorderrad ist der Rolli nicht nur extrem schwer, sondern auch extrem unhandlich. Atemlos komme ich oben an, zeitgleich mit dem Pfiff der Trillerpfeife. Die Türen krachen bereits aufeinander. Zwei junge Männer sehen mich und blockieren ihre Tür, damit ich mit einem Sprung ins offene Abteil hechten kann. Nicht ganz ungefährlich, aber trotzdem herzlichen Dank fürs Aufhalten. Mit Nico hätte ich das nicht geschafft. Dann hätten wir eben eine weitere Stunde warten müssen, vorausgesetzt, dass wir auf dem richtigen Bahnsteig gestanden hätten.

In Elze warten wieder die beiden Fahrstühle auf mich, an deren Türen noch immer die großen Schilder kleben. Denn das Jahr ist ja noch nicht um.

Thank you for travelling with Deutsche Bahn!

Inwendig warm, Tag 19
Nach Duingen
Frikadelle am Morgen

Ich bin ein Volltrottel! Gestern Abend habe ich meine Schuhe ausgezogen. Wenn ein Mann sich bettklar macht, zieht er sich die Schuhe aus. Das weiß jeder. Nach einer langen Wanderung macht das auch Sinn. Wenig Sinn macht es aber, wenn man sie nachts vor dem Wohnwagen liegen lässt. Ganz besonders dann nicht, wenn es sintflutartig schüttet.

Flatsch, flatsch macht es in meinen Schuhen, als ich vor dem Rathaus in Nordstemmen ankomme. Zuvor ereilt mich noch ein weiteres Malheur: Ich hatte keine Lust, mir Frühstück zu machen und kaufte in einer Bäckerei ein leckeres Frikadellenbrötchen. Leider übersah ich, dass eine große Portion Ketchup sowie reichlich fettige Remoulade bereits an der Seite herausgequollen waren. Sonst hätte ich, von der Natur mit nur unzureichender Motorik ausgestattet, gewusst: meine Missmotorik arbeitet gezielt gegen mich! Eher könnte ich einen dreifachen Doppelhopper von Burger bändigen. So kam es, wie im Gesetz von Mister Murphy vorausgesagt: die halbe Frikadelle flutschte mir aus dem riesengroßen Brötchen, rutschte in Zeitlupe auf dem Glitsch von Ketschup und Mayo an meinem schwarzen Hemd herunter und landete, nachdem es meinen rechten Oberschenkel überquerte, vor meinem linken Fuß. Ich sehe aus wie eine Sau! Völlig verschmiert betrete ich das Rathaus. Ich werde vom stellvertretenden Bürgermeister Claus Collay und zwei Bereichsleitern sehr herzlich in Empfang genommen. Ich erhalte ein kleines Gastgeschenk, liebevoll verpackt: ein Buch über die Stadt Nordstemmen und ein Taschenmesser. Jeder Junge, auch so ein uralter, wie ich, sollte ein Taschenmesser haben. Die Presse ist auch vor Ort, macht schöne Bilder von uns. Ich bitte den Kollegen noch, doch bitte mit Photoshop den desolaten Zustand meiner Bekleidung etwas aufzufrischen. Nach wirklich launiger, fröhlicher Schnackerei trabe ich los. Flatsch, flatsch …

In Marienhagen kommen mir der Bürgermeister der Samtgemeinde, Herr Schulz, und ein paar weitere Herren eines Wandervereins entgegen. Im gepflegten Schwimmbad machen wir eine kleine Kaffeepause und lernen uns gegenseitig ein bisschen kennen. Herr Schulz, der in dieser Region auch als Polizeichef tätig war, ist ein überaus engagierter, pragmatischer und kreativer Ratsherr. Während wir auf den Ort Duingen zuwandern, erzählt er von der Gemeinde, den Schwierigkeiten durch Stellenabbau, aber auch über intelligente Lösungsmöglichkeiten. Mir imponiert ganz besonders die Integration von älteren Menschen in der Stadt. Mitten im Leben sind sie. Ohne großen Aufwand von finanziellen Mitteln. Ich denke, das funktioniert nur in kleineren Kreisen, wo Regierung und Opposition die Dinge gemeinsam und lösungsorientiert angehen und sich nicht gegenseitig zerfleischen.

Wir erreichen den örtlichen Rewe-Markt. Der Filialleiter, seine Frau und ihr kleiner Sohn Jamie begrüßen uns herzlich. Die Mitarbeiterinnen haben vor dem Markt ein opulentes Büfett aufgebaut. Da sie mit ganz vielen Wanderern gerechnet haben, ist das eine beeindruckende Tafel geworden. Viel zu groß für uns paar Wandergesellen. Es haben sich aber inzwischen einige interessierte Anwohner eingefunden, die am Catering allerdings größere Freude haben als an meinem Geschnacke. Wenigstens kann ich so in Ruhe die Häppchen genießen. Jamie springt zirkusreif von Bank zu Bank und setzt das Schwerkraftgesetz außer Kraft. Ich kann da gar nicht hinsehen, aus Sorge, er könnte abstürzen. Er behauptet, drei Jahre alt zu sein. Oder vier? Oder zwei? So genau weiß er es noch nicht. Weil der Campingplatz ganz in der Nähe ist, würde ich am liebsten einfach zu Fuß dorthin zurückgehen. Aber ich muss das Auto ja noch holen, das in Nordstemmen steht. Ein lieber Mensch fährt mich dorthin. Das Wandern selbst ist nicht der Rede wert. Es ist die Mühsal, immer wieder zum Auto zurückkehren zu müssen und zum Wohnwagen zu fahren. Das powert mich viel mehr aus. Denn nach so einer Strecke würde ich eigentlich lieber die Füße hochlegen. Und zwar sofort. Während der Touren vergeude ich auch viel zu viel Zeit mit dem Gedanken – wie komme ich bloß wieder zurück?

Ein bisschen frustrierend ist es auch, immer wieder mit dem Auto den Fußweg in nur ein paar Minuten abzureißen. Es ist, als hätte ich überhaupt nichts geschafft. Weshalb bin ich dann wohl so fertig? Gut, nun aber erst einmal ein kühles Bier. Von so einer leckeren Hopfenkaltschale träume ich bereits seit dem wunderbaren Essen bei Rewe. Endlich komme ich wieder an meinem Wohnwagen an und es zieht mich unaufhaltsam in Richtung Pinte.

Ich rüttele an der Eingangstür: vor fünf Minuten geschlossen. Feierabend!

Inwendig warm, Tag 20
Nach Holzminden
Ich berühr den Himmel

Heute gibt's keinen Empfang und keine Verabschiedung. Das ist nach dem gestrigen warmherzigen Empfang durch den Bürgermeister und den Mitarbeiterinnen des Rewe-Marktes aber auch überhaupt nicht notwendig. Weil ich heute allein unterwegs bin, muss ich auch nicht unentwegt quatschen. Ein bisschen mundfaul und eher schüchtern zurückhaltend überlasse ich die Konversation sehr gern meinen Mitstreitern und Mitstreiterinnen. Wenn sie denn da wären.

Es ist deutlich abgekühlt und die Temperatur ist zum Wandern angenehm. Dafür liegt nun das Mittelgebirge in ganzer Ausdehnung vor mir. Na und? Hannibal ist auch über die Alpen gezogen. Sogar mit Elefanten. Dann werde ich das wohl noch mit dem Rolli schaffen. Puh!

Die Bundesstraße, einzige Verbindung nach Holzminden, ist fürchterlich. Vielbefahren und gefährlich. Wäre Nico heute bei mir, hätte ich aus Sicherheitsgründen ausnahmsweise ausgesetzt. Das ist sehr ärgerlich. Man sollte von Stadt A nach Stadt B kommen können. Einfach so zu Fuß. Aber ich wurschtle mich durch. Musik hören klappt wegen des Autolärms auch nicht und so gleiten die Gedanken ein wenig in die Vergangenheit. In die Zeit, in der viele Weichen gestellt wurden. Mir fällt Carsten Pape ein, der für Nico ein wunderschönes Lied geschrieben hat.

Nico hatte gerade seine erste Delfintherapie mit viel Fröhlichkeit und Lebensfreude auf Curacao erlebt. Viele Freunde haben uns bei der Finanzierung geholfen. Unter anderem auch unser Stammlokal „Zum Auerhahn". Der Auerhahn war eine kleine Musikkneipe in der Nachbarschaft. Am Wochenende, wenn Nico mit seinem Therapiefahrrad den Eichtalpark unsicher gemacht hatte, sind wir anschließend regelmäßig dort eingekehrt. „Gehen wir Brause saufen?", habe ich ihn immer gefragt. Und dann trat er laut hupend in die Pedale, dass ich kaum hinterher kam. Mit Conny, dem Wirt, haben wir uns ganz schnell angefreundet. Und so erzählten wir aus unserem Leben und, dass wir auf Curacao eine Delfintherapie machen wollten, damit Nico sprechen lernt. Aber wovon sollten wir die Therapie, die keine Krankenkasse der Welt übernimmt, bezahlen? Conny hatte schnell eine Idee. Bei ihm traten viele Musikbands auf. Er machte Werbung für Nico und sofort, ohne zu zögern, spielte eine Gruppe nach der anderen für Nico. Schnell hatte er eine kleine Fangemeinde um sich versammelt. Seine wöchentlichen Besuche in der Kneipe und besonders sein Erdnusskonsum waren legendär. Ständig zog einer der Gäste eine Dose mit Nüssen aus dem Automaten. Weil Nico sie doch so liebte. Viel kam bei den Konzerten nicht zusammen. Aber darum ging es überhaupt nicht. Es ging um diese einzigartige Solidarität, diese Herzenswärme und Menschlichkeit, die man in unserer Gesellschaft manchmal so schmerzlich vermisst. Einmal saßen wir so am Tresen, Nico nuckelte an seiner Brause. Neben uns saß ein Gast, von dem wir wussten, dass er nicht zu dem Personenkreis gehörte, von dem die FDP immer schwärmte, dass „Leistung sich wieder lohnen müsse“. Hartz IV-Empfänger, nicht mehr der Jüngste und ohne eine Chance auf dem Arbeitsmarkt wieder Fuß zu fassen, perspektivlos bis an sein Lebensende.

„Nicht weggehen“, sagte er uns. „Ich komme gleich wieder.“

Er kam wieder.

„Hier, für Nicos Delfintherapie.“

Mit diesen Worten legte dieser liebe Mensch eine schwere Plastiktüte voller Kleingeld auf den Tresen. Nachts habe ich dann stundenlang Münzen eingerollt: Über 100 Euro habe ich am nächsten Tag auf die Bank gebracht. Sprechen hat Nico nicht gelernt. Aber mit einer unübertroffenen Lebensfreude hat er das Schwimmen mit den Delfinen genossen.

Als Dankeschön habe ich Conny ein Fotobuch und einen Videofilm übergeben, um allen Freunden zu zeigen, wie glücklich sie meinen Jungen gemacht haben. Eines Tages, ich saß gerade im Auto, erhielt ich einen Anruf: „Hier ist Pape!" Aha, kenne ich gar nicht. Erst viel später erfuhr ich, dass Carsten Pape Musiker ist. Alle HSV-Fans kennen ihn. Die HSV-Nationalhymne „Hamburg meine Perle" stammt aus seiner Feder. Gemeinsam mit „Lotto King Karl", einem anderen in Hamburg überaus bekannten Musiker und Stadionsprecher, wird er vor dem HSV-Spiel mit einem Kran hochgezogen und beide schmettern „Hamburg meine Perle" über das Spielfeld. „Alter Schwede", höre ich Pape. „Ich sitz hier grad mit meiner Frau auf dem Sofa und wir gucken das Video mit deinem Sohn. Meine Frau weint sich die Augen aus dem Kopf, so schön ist das. Ich habe ein Lied für Nico geschrieben. Ist das okay für dich? Ich les es dir mal vor: … ich berühr den Himmel, ich bin ganz nah dran …"

Ich fuhr erst einmal rechts ran. Ich war nämlich auch ganz nah dran … Gänsehaut und einen feuchten Film auf den Augen.

Ein paar Tage später trafen wir uns in seinem Studio und er spielte mir mit seiner Gitarre den Song vor. „Ich geh schwimmen mit Delfinen".

Wochen später gab Carsten im Auerhahn ein Benefizkonzert für Nico. Auch Lotto King Karl war dabei. Carsten veröffentlichte das Lied später auf einer CD:

„Von Delphinen, Untiefen und anderen Möglichkeiten".

Im Textbuch steht: *Text: Carsten Pape, Nico Schnittger.*

Denn ohne Nico, sagte er, hätte er das Lied nicht schreiben können.

Ich geh schwimmen mit Delfinen

Wenn ich einmal groß bin,
bleib ich doch irgendwie klein
Und wenn ihr mich nicht seh'n wollt,
dann seid eben gemein
Erzählt mir nicht, was zu tun ist,
hab alles schon geträumt

Das Leben hat die Spannung,
ich den Mut
und alles wird gut
Wenn ich einmal stark bin,
bleib ich ein wenig schwach
Und wenn Du meine Tränen nicht seh'n willst
dann hör doch, wie ich lach
Hab viel zu viel gefühlt heut,
mich viel zu oft verletzt
Ich will vom Leben mehr,
als nur ein kleines bisschen vom Rest
Und ich geh schwimmen mit Delfinen
ich geh schwimmen mit Delfinen
Was soll ich denn beim Papst
oder auch bei der Queen
Der Himmel ist weit
und die Wolken sie ziehen
Und ich geh schwimmen mit Delfinen
Ich würd' jetzt gern mal wissen,
was Du grade denkst
Und ob Du dazu bereit wärst,
dass Du mir Dein Herz schenkst
Ich berühr den Himmel,
ich bin ganz nah dran
Doch ich fliege nur so hoch, weil ich weiß,
dass ich auch landen kann
Und ich geh schwimmen mit Delfinen
Der eine will nach New York,
einen andern treibt's nach Berlin
Ich spring ins Wasser
und lass mich einfach nur ziehen.
Ja, ich geh schwimmen mit Delfinen …

Endlich erreiche ich Duingen. Das Rathaus ist bereits geschlossen. Morgen, bevor ich hier starte, habe ich einen Termin mit dem Bürgermeister. Nun muss ich erst mal sehen, wie ich wieder zum Wohnwagen zurückfinde. Mit dem Bus geht es flott. Und heute hat sogar die Kneipe noch geöffnet für das verdiente Bier.

Inwendig warm, Tag 21
Nach Berungen

Kanzlerfreuden

Meine Hose rutscht! Hurra, Juhu. Das liegt daran, dass mein Bauch, seit dem Start in Flensburg, immer dünner wird. Das kann ich auch beweisen, ziehe ich meinen Gürtel doch seit dem kontinuierlich in Richtung Wespentaille. Heute durfte ich sogar ein weiteres Loch in das Leder bohren. Meine Kanzlerin sagt auch, ich soll den Gürtel enger schnallen. Erledigt! Ich sollte ihr schreiben, dass mein Sixpack wieder da ist. Sie wird stolz auf ihren Untertan sein.

Ich treffe heute Herrn Daul, den Bürgermeister von Holzminden. Wie ich so vor der Tür stehe und auf den Bürgermeister warte, kommt ein Rollifahrer um die Ecke gebogen. Er schimpft lauthals.

„Du glaubst es nicht“, begrüßt er mich, weil er mich wegen meines Rollstuhls für einen Leidensgefährten hält.

„Ich kam grad nicht schnell genug über die Straße, weil der Kantstein so hoch ist“. Da hupt mich doch einer an und beschimpft mich, ich solle gefälligst den Weg freimachen!“

Gott sei Dank bleiben solche Erlebnisse die Ausnahme, denke ich. Leider bleiben aber die unangenehmen Begegnungen naturgemäß viel länger im Gedächtnis haften als die guten Momente.

Ein Augenblick später trifft Herr Daul ein. In Begleitung des Hoffotografen der hiesigen Zeitung begrüßt er mich und bittet mich in sein Amtszimmer. Heute ist Samstag und er macht extra Überstunden, um mich zu empfangen. Von hünenhafter Gestalt, wirkt er mit seinem dunklen Anzug zunächst etwas unnahbar. Das täuscht aber kolossal. Ich führe mit ihm ein ausgesprochen fruchtbares Gespräch. Auch der Journalist beteiligt sich rege an der Unterhaltung. Sympathisch, alle beide. Es überrascht mich immer wieder, wie einfach es eigentlich ist, über die Pflegesituation zu sprechen. Keine Kontroverse, kein

„ja, aber“. Aber ich erreiche irgendwie nur die, die sich geöffnet haben. Bei denen laufe ich offene Türen ein. Warum gelingt es nicht, eine breite Mehrheit zu gewinnen, sich zu empören? Sich zu wehren? Es geht doch alle an. Es gibt so viele professionelle Mahner, die viel kompetenter sind als ich. Niemand hört zu. Ich meckere mich durch Deutschland, bekomme auch allerorts viel Aufmerksamkeit, dennoch höre ich von den Betroffenen selbst nichts. Bin ich auf dem Holzweg? Na ja, ich bin ja noch nicht am Ziel!

Nach diesem netten Gespräch stärke ich mich erst mal in der Altstadt mit Kaffee und Brötchen. Dann schwebe ich los, über die Berge. Ooohhh ... Zum Glück ist der Rolli leer. Ohne das schwere Kind. Und wenn es abwärts geht, setze ich mich rein und brause mit einem Affenzahn ins Tal. So macht wandern aber Spaß! Immer, wenn es besonders anstrengend wird, lasse ich meine Gedanken schweifen. Das lenkt ganz gut ab. Mir fallen Gespräche mit anderen Eltern ein. Viele Mütter berichteten mir, wie sie, weil spätgebärend, von Ärzten unter Druck gesetzt wurden. Es sei ja unverantwortlich, keine Fruchtwasseruntersuchung vornehmen zu lassen, hieß es oft.

„Aber wozu?“, sagte mir eine Mutter. „Was nützt mir die Diagnose „Down-Syndrom?“ Ich habe mein Kind trotzdem lieb und werde es behalten!“

Hinzu kommt noch die nicht ganz unproblematische Untersuchung und Gefährdung des Embryos durch die Hohlnadel. Es geht nur noch um die Wirtschaftlichkeit. Funktionieren muss es, das Kind. Seinen Beitrag in der Gesellschaft leisten. Auch Kinder mit Down-Syndrom (Trisomie 21), die einen mit ihrer Fröhlichkeit und ihrer ungezwungen Art schwindelig machen, leisten einen ganz besonders wertvollen Beitrag. Der ist zwar nicht in Euro messbar. Aber in Menschlichkeit. Ist das etwa lebensunwert? Wenn ich an meinen Jungen denke – mein Gott, hab‘ ich ihn lieb! Wie viele glückliche Stunden hätten wir beide versäumt, wenn sie dein Leben im Mutterleib ausgelöscht hätten.

Du bist ein Wunder. Einzigartig, wie jeder Mensch, geboren aus dem absolut Schönen.

In Beverungen erwartet mich niemand. Deshalb brauche ich auf die Ankunftszeit keine Rücksicht zu nehmen. Ich werde anschließend wieder nach Hamburg fahren, um meinen Klappskalli wieder mit auf die Wanderschaft zu nehmen. Ich vermisse ihn sehr. Seine Fröhlichkeit, sein Lachen und seine kontinuierlichen Bemühungen, mich immer wieder an den Rand eines Nervenzusammenbruchs zu bringen. Dazu denkt er sich stets neue Geschichten aus. Wenn er unvermittelt und kichernd in den Lenker des Rollis greift, während ich so vor mich hin träume und ich mich plötzlich im Gebüsch wieder finde, dann weiß ich: wir sind ziemlich beste Freunde! Oder wenn ich mir die Rippen prelle, weil er unvermittelt und ohne Vorwarnung die Bremsen festzieht. Das heißt, er kündigt seine Missetaten schon an. Ich muss nur zuhören. Diese leisen, mit einem Schmunzeln beginnenden und in einem nicht enden wollenden Jubelgeschrei übergehende Töne. Wie das leichte Grollen eines kurz vor dem Ausbruch stehenden Vulkans.

Montag wandern wir wieder gemeinsam. Bis zum Ende dieses Abenteuers. Wie ich mich darauf freue!

Inwendig warm, Tag 22
Nach Liebenau

Ein Tag wie ein Freund

Wir erwarten Besuch aus Hamburg. Melanie und Nadine von der Zeitschrift „tina" sind in Anmarsch, möchten über unsere Aktion berichten und ein paar Fotos machen. Während wir noch auf sie warten, unterhalten wir uns schon mal mit Bürgermeister Haase vor dem Rathaus. Das heißt, ich unterhalte mich und Nico erkundet die Altstadt, quatscht die Leute an. Herr Haase kennt nicht nur die Situation von behinderten oder zu pflegenden Menschen, sondern hat auch sehr sympathische Ansichten. Er erzählt mir, dass er für den Bundestag kandidieren möchte. Das Thema Pflege hat er sich auf seine Fahnen geschrieben, weil auch er die Notwendigkeit einer raschen Lösung erkennt. Ich werde wohl meinen Wohnsitz verlegen, damit ich ihn wählen kann.

Nadine und Melanie treffen ein. Schnell noch paar Fotos vor dem Rathaus. Es gibt zwei Rathäuser. Das erste, na ja, das andere – sehr malerisch. Das nehmen wir. Und ab geht die Post, direkt in die Berge. Zunächst einmal auf breiten Wegen an der Weser entlang. Wohl nicht breit genug, denn ein pampiger Radfahrer fühlt sich von uns belästigt. Der kleine Schlenker, den er wegen unseres Fotoshootings machen muss, beeinträchtigt ihn doch sehr beim Vorwärtseilen. Solche kleinen Rempeleien sind aus meiner Erfahrung aber eher selten. Dennoch sind Melanie und Nadine fassungslos. Nadine beginnt ihren Artikel dann auch mit diesem Vorfall.

Wir biegen in den Wald ab. Bürgermeister Haase hat sich diese Route ausgeguckt. Oben gibt es eine Hütte. Dort hat er uns zur Brotzeit eingeladen. Der Weg wird immer steiler. Mittelgebirge eben. Ich werde nicht nur etwas langsamer, sondern auch deutlich kurzatmiger. Die Luft wird dünner. Melanie tut mir leid. Sie ist schwer bepackt mit ihrem Fotoequipment. Läuft ständig voraus, also bergauf, klettert auf Hochsitze, um meine Schweißausbrüche im Bild festzuhalten. Ich tue mir aber auch leid. Es geht gefühlt senkrecht nach oben. Bürgermeister Haase steht mir zur Seite und packt mit an. Das dicke Kind in seinem Rolli lacht sich schlapp und dreht an seinem Lenker. Sein gehässiger Charakter schlägt wieder voll durch. Er ist in seinem Element.

„Nur noch 500 Meter", sagt Bürgermeister Haase, „wir sind gleich oben." Aus mir läuft es nur so heraus, bin wohl etwas porös. Vermutlich die Wechseljahre. Nach etwa einer halben Stunde und circa einem Liter Flüssigkeitsverlust ertönt wieder die frohe Botschaft: „Wir sind gleich oben, nur noch 500 Meter." Ach ja, er will ja in den Bundestag und übt sich schon mal im Versprechen. In Gegenwart der hübschen Damen traue ich mich nicht zusammenzuklappen und bemühe mich, die Contenance zu bewahren. Nach einer weiteren halben Stunde und weiteren 500 Metern erreichen wir endlich den Gipfel. Wie Reinhold Messner, ohne Sauerstoffgerät. Für den mühevollen Aufstieg werden wir reichlich entlohnt. Ganz oben ist eine wunderschöne Holzhütte. Der Tisch wurde bereits von einem Mitarbeiter Haases gedeckt. Brot, Käse, Wurst, Getränke – alles, was das Herz begehrt. Nico krallt sich sogleich eine dicke Scheibe Jagdwurst und stopft hinein, was hineingeht. Auch der Käse auf meinem Brötchen muss dran glauben. Für mich bleibt trocken Brot. Ein paar Pressevertreter sind auch bereits eingetroffen. Löchern mich mit Fragen, während ich Klappskalli, um das Schlimmste zu verhindern, im Würgegriff halte und mich abmühe, die Botschaft einigermaßen verständlich rüberzubringen. Nico ist mal wieder außer Rand und Band. Melanie hat einen nervösen Zeigefinger und knipst, was das Zeug hält. „Nur noch ein Foto", sagt sie, meint aber etwa hundert. Fotografin eben. Ich tobe derweil in der dünnen Luft mit dem schweren Kind auf dem Arm, während Nico seinen Frohsinn in die Welt schreit. Endlich ist alles im Kasten und alle fahren weg. Mit einem Auto! Ich habe mir noch kurz die Richtung zeigen lassen und verlasse diesen schönen Ort nun auch. Zu Fuß! Nur noch 17 Kilometer. Ich bin völlig erschöpft, als wir in Liebenau ankommen. Niemand wartet dort auf uns. Ein schrecklicher Irrtum, wie sich bald erweisen wird. Glücklicherweise ist Bärbel wieder in der Region eingetroffen und fährt uns mit ihrem Auto nach Beverungen zurück. Dort steht unser Begleitfahrzeug. Weiter geht es nun nach Wolfhagen, wo Herr Hensel, der Behindertenbeauftragte, uns ein wunderschönes Zimmer im „Hotel Altes Rathaus" reservieren ließ. Das Zimmer ist toll. Rustikal eingerichtet, in einem mittelalterlichen Gemäuer untergebracht. So richtig nach unserem Geschmack. Zwar ist es nicht behindertengerecht, aber das kann man von so einem alten Gebäude auch nicht erwarten. Wir fühlen uns wie die „olden Rittersleit." Nach den Bergen sind die paar Stufen für uns doch ein Klacks.

Wir sind nach der Wanderung total ausgehungert und kehren beim Italiener um die Ecke ein. Wir sitzen draußen. Es beginnt ein wenig zu nieseln. „Wollt ihr nicht lieber reinkommen?", fragt der Wirt. „Nö, wegen der paar Tropfen? Wir sind doch nicht aus Zucker! Guter Mann, wir kommen aus Hamburg. Für uns beginnt Regen erst, wenn die Heringe auf Augenhöhe vorbei schwimmen." Das Essen kommt und der Wolkenbruch auch. Ich muss an einen Sketch von Rudi Carell und Beatrice Richter denken, wie sie vor einem Lokal Nudelsuppe essen, und, wie wir, den guten Rat des Wirtes ausschlagen, dabei prompt in einen Wirbelsturm geraten. Die Suppe fliegt ihnen um die Ohren. Genauso ist es nun bei uns. Filmreif. Es schüttet, als ob eine Kuh das Wasser lässt. Uns fliegen die Nudeln ins Gesicht. Eine bleibt an Nicos rechtem Ohr hängen. Das tut unserer guten Laune jedoch keinen Abbruch und wir lachen uns schlapp. Unser Humor ist ungebrochen. Humor ist eine der Möglichkeiten, das Leben erträglich zu machen. Die mir liebste. Zwar sitzen wir unter einem großen Schirm, aber der Wind fegt uns die Regentropfen direkt in die Nudelsauce. Der Wein in meinem Glas wird zu Wasser. Aus der Bibel kenne ich das andersherum. Unmöglich, die nur fünf Meter entfernte, rettende Taverne trocken zu erreichen. Mit einem Schirm holt uns der Wirt, der sich das Elend nicht mehr ansehen mag, in die gute Stube und sorgt dafür, dass das Wasser wieder zu Wein wird. Gerettet.

Inwendig warm, Tag 23
Nach Wolfhagen

Der Glöckner von Notre-Dame

Es hat unschätzbare Vorteile, wenn sich das Hotelzimmer direkt neben dem Kirchturm und auf Augenhöhe der darin befindlichen Glockenkonstruktion befindet. Man erhält alle 15 Minuten per Glockenschlag die aktuelle Zeit direkt ins Bett geliefert. Glockengetöse macht auch vor geschlossenen Fenstern keinen Halt. Quasimodo hat sein Betätigungsfeld anscheinend von Paris nach Wolfhagen verlegt. Vielleicht wurde er ja auch in Notre-Dame arbeitslos und von der dortigen Arge im Rahmen einer Eingliederungsvereinbarung an die hiesige Kirchengemeinde verwiesen. Deshalb legt er vermutlich auch eine Nachtschicht ein.

Er macht seinen Job jedenfalls gut. Punkt sieben zieht er hysterisch an den Seilen. So kann man wenigstens nicht verschlafen. Das habe ich gestern bereits getan. Ich dachte nämlich, in Liebenau würde niemand auf uns warten. Von wegen. Großer Bahnhof. Liebe Menschen in Märchenkostümen haben auf Nico gewartet. Dass das Rathaus am Rande der Stadt und nicht mittendrin liegt, habe ich nicht gewusst. Darum haben wir auch niemand gesehen und sind einfach zu unserer Unterkunft in Wolfhagen gefahren. Es ist auf meine Erschöpfung zurückzuführen. Ich hätte das besser hinterfragen müssen. Es ist absolut peinlich!

So müssen wir heute unseren Gang nach Canossa antreten. Bürgermeister Lange empfängt uns dennoch freundlich und verzeiht mir diese Planungspanne. Irgendwann musste das ja mal kommen. Die Einladungen werden immer mehr und unübersichtlicher. Gut, dass wir Volker haben. Sonst würde mir so eine Panne täglich passieren. Dennoch war es schade. Nico hätte sich bestimmt amüsiert. Wir werden vom Bürgermeister und vom Amtsleiter für unsere Wanderung bestens versorgt.

Tanja, die Redakteurin der örtlichen Zeitung verbraucht einen ganzen Chip ihrer Kamera und schreibt einen Stenoblock voll mit den Informationen, die ich ihr liefere. Unser Anliegen hat sie sichtlich beeindruckt und sie ist fassungslos über die vielen Lebensschicksale, die ich ihr schildere. Ich bin sehr gespannt auf ihren Zeitungsbericht.

Es regnet. Noch vor ein paar Tagen musste ich Kuddeldaddeldu die Lippen eincremen, aus Schutz vor der Sonne. Heute frieren wir uns die Lippen blau. Wir müssen uns ständig unterstellen, damit wir nicht pitschenass im Ziel ankommen.

In Wolfhagen erwartet uns bereits Herr Hensel, der uns ja das nette Hotelzimmer besorgt hat. Kurze Zeit später treffen immer mehr Mitglieder einer Laufgruppe ein. Wir werden herzlich begrüßt. Gemeinsam ziehen wir in das Zentrum dieses pittoresken Ortes. Wir werden dabei auch von einer Familie begleitet, die selbst ein behindertes Kind hat. Darüber freuen wir uns ganz besonders. Nico und ich begrüßen Laura, die uns ganz allerliebst anlächelt. Laura, wenn Du aber Lara heißt – würdest Du mir das verzeihen? Ich stehe mit Namen sowas von auf Kriegsfuß. Dafür aber würde ich Dein Gesicht niemals im Leben vergessen. Weil Du auch so ein kleiner Sonnenschein bist, der immer fröhlich und glücklich ist.

Der Bürgermeister begrüßt uns mit sehr sympathischen Worten und überreicht Nico und mir schöne Bilderbücher als Gastgeschenke. Mit vielen netten Gesprächen neigt sich erneut ein erlebnisreicher Tag seinem Ende entgegen.

Während ich diese Zeilen ins Tagebuch schreibe, liegt Don Krawallo neben mir im Bett, haut sich vor Lachen auf die Schenkel und knipst fortwährend das Licht an und aus. So kann man doch nicht arbeiten!

Inwendig warm, Tag 24
Nach Fritzlar

Alte Frau mit Gehwagen

Drei Uhr nachts. Nico hat sich auf die Windel geschlagen. Kein gutes Zeichen. Gestern hat er eine Tablette bekommen. Eine, die seine Verdauung anregt. Diese Pillen sind auf nachts eingestellt. Sie wirken grundsätzlich nachts. Wegen des Glockenschlags kann ich mich auch sekundengenau festlegen. 02.45 Uhr! Um diese Zeit macht das Wechseln der Wäsche doppelt so viel Spaß. Ich bin sicher, die Verdauungspillen-Industrie arbeitet eng mit der Waschmittel-Industrie zusammen. Bedauerlicherweise bin ich von der Natur mit einem phänomenalen Tiefschlafmodus gesegnet worden. So kann ich die Katastrophe meist nicht aufhalten und nur langsam in die Realität zurückfinden. Schlafforscher haben allerdings herausgefunden, dass ich gar nicht schlafe. Es handelt sich eher um ein temporäres Erschöpfungskoma. Ich möchte nicht ins Detail gehen, aber nach einer guten halben Stunde ist die Bescherung bereinigt und ich bin mit den Nerven am Ende. Bei diesen Pflegeaktivitäten möchte er immer gern mithelfen. Mit seiner Hände Arbeit. Es ist nicht einfach, ihn davon zu überzeugen, dass ich ohne seine Mitwirkung bereits genug Probleme habe. Glücklicherweise sind Bettzeug und Popo wieder frisch. Weil mein kleiner Pupser aber nun nicht mehr schlafen kann, lege ich schnell noch eine DVD mit Stan Laurel und Oliver Hardy, in Fachkreisen auch Dick und Doof genannt, ein. Mehr Niveau geht jetzt nicht. Kuschelgriff, Armhebel, ich kann mich nicht mehr rühren und verharre, vom Kampfzwerg fixiert, bis Quasimodo wieder hyperaktiv mit den Glocken bimmelt. Aufstehen! Nach dem Frühstück treffen wir Herrn Hensel und den Bürgermeister vor dem Hotel am Brunnen von Wolfhagen. Die freundlichen Worte berühren wirklich. Sie sind gekommen, um uns zu verabschieden. Noch von dieser netten Verabschiedung beseelt, ziehen wir los. Kurze Zeit später erreichen wir die Stadtgrenze. Von nun an geht es über die Landstraße Richtung Fritzlar. Es gibt mal wieder keinen Rad- oder Fußweg. Also, scharf links und den Gegenverkehr im Auge behalten.

Auf einmal sehen wir Blaulicht rasant auf uns zukommen. Ein Polizeiauto hält mit quietschenden Reifen unmittelbar vor uns. Oha, denke ich noch so, das riecht nach Ärger. Aber wieso eigentlich? Die Straße ist für alle da und wir können schließlich nicht über die Felder schweben. Die Beamten steigen aus und berichten mir, es wäre ein Notruf eingegangen. Ein besorgter Autofahrer habe erzählt, dass eine alte Frau orientierungslos mit ihrem Gehwagen auf der Landstraße herumirrt. Das ist ja unerhört! Nett gemeint, aber Frau? Okay. Alt? So eine Frechheit! Die Beamten sind überaus freundlich. Wir lachen herzhaft über diesen Vorfall und ich erzähle von unserer Wanderung. „Wie? Von Flensburg bis zum Bodensee? Das glauben wir nicht!“ Deshalb nehmen sie doch lieber vorsichtshalber meine Personalien auf. Vielleicht sind wir ja irgendwo ausgebrochen. Ich drücke ihnen zum Beweis noch ein paar Flyer in die Hand. Wir verabschieden uns nett und Nico winkt ihnen noch heftig und fröhlich hinterher. Gleich treffen wir noch auf eine Gruppe von der Diakonie. Wir haben noch etwas Zeit. An einem Feldrand sehen wir ein Schild: „Jausenstation“. Jausa! Wir kehren ein. Einkehren ist ja Nicos Lieblingsbeschäftigung. Just in dem Moment, als uns die Currywurst an den Tisch geliefert wird, kommt Güllebauer Piepenbrink mit seinem Güllemobil vorbei und haut noch ordentlich auf die Kacke. Na, dann guten Appetit. Nico ist beleidigt. In diesem Lokal gibt es keinen Nachtisch. Ich habe ihm leichtsinnigerweise einen Eisbecher versprochen. Die Konditorei im Ort kann mein Versprechen leider auch nicht einlösen, es gibt kein Eis. Er ist verärgert. Am Straßenrand warten wir auf die Mitarbeiter der Diakonie. Drei Werkstattleiter und eine Pastorin möchten ein paar Kilometer mit uns gemeinsam wandern. Nico hat seine Freude. Sie haben mir freundlicherweise angeboten, Nico zu schieben. Er zieht alle Register. Ins Lenkrad greifen, mit dem Fuß auf die Bremse treten, seine Mütze in hohem Bogen in den Graben werfen. Er ist einfach gut drauf.

Diese lieben Menschen nehmen es mit Humor. Sie wissen ja – an der nächsten Biegung haben Sie den Master of Desaster wieder von der Backe. Ich habe bis dahin Gelegenheit, mit der Pastorin ein paar Worte zu wechseln. Erneut laufe ich offene Türen ein. Die Gespräche berühren sehr. Sie erzählt mir von Begegnungen mit Eltern behinderter Kinder, die sie um Hilfe und Rat baten. Sie fragt, ob wir auch schlechte Erfahrungen mit den Institutionen gemacht haben.

„Oh, ja“, sage ich. „Der Tag würde nicht ausreichen, um alles zu erzählen.“ Zum Beispiel, wie ich fast 10 Jahre darum gekämpft habe, dass Nico mit dem Schulbus befördert werden konnte. Schwierig war es deshalb, weil Nico zwei Wohnsitze hat. Bei der Mama und bei mir. So einen Fall gibt es nicht im Paragrafendschungel, ist nicht geregelt. Zumindest nicht auf der unteren Entscheidungsebene. Wenn Nico bei der Mama war, kam ein Bus und holte ihn ab. Denn dieser Wohnort lag im sogenannten Einzugsbereich der Schule.

Nun war Nicos Mutter ja sehr schwer erkrankt, war monatelang im Krankenhaus oder zur Rehabilitation und konnte ihn krankheitsbedingt auch zu Hause oft nicht betreuen. Mir blieb also nichts anderes übrig, als Nico selber in die Schule zu fahren. Das waren an jedem Tag 20 Kilometer für eine Strecke. Also zweimal hin und zurück insgesamt 80 Kilometer für mich. Oder 1.600 Kilometer im Monat. Das war ein existenzielles, finanzielles Problem, das ich nicht bewältigen konnte. Die Situation war mehr als prekär. Ich stellte bei der Schulbehörde einen Antrag auf Unterstützung. Keine Antwort. Kann ja mal passieren, dass ein Schreiben verloren geht. Also noch mal von vorn. Statt einer Antwort erhielt ich nun aber ein paar Tage später einen aufgeregten Anruf der Schule. Die Schulbehörde hatte sich nämlich an die Schule gewandt und dem Schulleiter gedroht, wenn ich meinen Antrag nicht zurücknähme, würde man der gesamten Schule die Busbeförderungen der anderen Kinder streichen. Für die Schule wäre es eine Katastrophe gewesen, weil fast alle Kinder wegen ihrer körperlichen oder geistigen Beeinträchtigungen auf eine Beförderung angewiesen waren.

Da es eine anthroposophische Einrichtung war, also eine Privatschule, bestünde seitens der Schulbehörde angeblich keine Verpflichtung, die Busbeförderung zu übernehmen. Die Beförderung wurde nur durch das große Wohlwollen der Behörde genehmigt. Man wolle meinetwegen keinen Präzedenzfall auslösen. Womöglich würden andere Eltern in einer ähnlichen Lebenssituation nachziehen und ebenso um Unterstützung bitten.

Deshalb mussten die Eltern, bevor die Kinder von der Schule aufgenommen wurden, unterschreiben, dass sie auf eine Schulbusbeförderung verzichten würden. „Knebelvertrag" nannten das einige Eltern. Meine Unterschrift hatte die Schule versehentlich nicht eingefordert. Man hatte mich wohl nicht für voll genommen, was sich nun als Fehler herausstellte.

Die Schule war begeistert und ging unverzüglich auf Konfrontationskurs mit mir. Auch von den Eltern gab es keine solidarische Unterstützung. Weil ich aber einfach kein Geld für den Schulweg auftreiben konnte, blieb mir nichts anderes übrig, als meine Anträge aufrecht zu erhalten. Meine Forderungen wiederholte ich dann auch penetrant. Endlich wurde ich von der Schulbehörde zu einem Gespräch eingeladen.

„Man muss mit Steuergeldern sehr sorgfältig umgehen", begann die Leiterin der Eingliederungshilfe ihren Vortrag. Unser musikalisches Jahrhundertbauwerk an der Elbe war zu dem Zeitpunkt noch nicht in Planung, sonst wäre mir zu dieser Aussage sicher ein dezentes Gegenargument eingefallen. Es folgte ein monatelanger Streit mit der Folge, dass ich Nico zeitweilig nicht in die Schule fahren konnte. Weil ich aber nicht locker ließ, erhielt ich, immer für ein paar Wochen befristet, eine Kilometerpauschale, die zumindest einen Teil der Kosten abdeckte. In einem zermürbenden Verfahren musste ich aber stets aufs Neue Nicos Ansprüche auf eine Beförderung zur Schule durchsetzen.

Eine gewisse Kreativität an Lösungsvorschlägen muss ich der Schulbehörde allerdings anerkennend zugutehalten: So wurde mir empfohlen, den Tag über vor der Schule auf Nicos Rückkehr zu warten. Da ich ja ohnehin arbeitslos sei, hätte ich ja genügend Zeit und könnte somit die Fahrtstrecke halbieren. Nach neun Jahren der Auseinandersetzung hatte ich wegen dieser permanenten Konflikte die Schnauze voll. Ich entschloss mich, endlich das Sozialgericht anzurufen. Innerhalb weniger Tage bekam ich einen Beschluss, der die zuständigen Behörden anwies, die Kosten für die Schulfahrten in voller Höhe zu übernehmen. Nico hatte nämlich sehr wohl einen Anspruch auf Beförderung, gleich von welchem Wohnsitz. Weil er inzwischen keine Treppen mehr steigen konnte, entschied das Gericht zusätzlich, dass er Anspruch auf einen Assistenten für den Treppentransfer habe. Wir durften sogar den Schulbusbetrieb selber aussuchen.

Dabei traf mich der Schlag. Denn es stellte sich heraus, dass die Kosten für die Beförderung davon unabhängig waren, ob Nico bei der Mutter oder bei mir abgeholt würde. Beinahe ein Jahrzehnt bin ich verschaukelt worden. Locker geschätzt, sind dabei wohl an die 20.000 Euro Pflegegeld zweckentfremdet flöten gegangen.

Wie der Hamburger Senat aus Kostengründen mit behinderten Kindern umgeht, konnte ich einmal erleben, als ich auf das Ende der Schulstunde wartete. In einem der Schulbusse wurde ein etwa 10-jähriger Junge in einer Zwangsjacke befördert. Auf mein entsetztes Nachfragen erfuhr ich, dass der Kleine während der Fahrt regelmäßig renitent wurde und auch schon mal seinen Nachbarn gebissen und gekniffen habe. Statt eines Schulbegleiters hat man dann die preiswertere Variante gewählt und ihn während der Fahrt einfach gefesselt. Die

Eltern hatten aus Sorge, dass die Beförderung sonst abgelehnt würde, diesem Treiben zugestimmt. Ich war überrascht, dass es so kleine Zwangsjacken gibt. Dass es dafür eine richterliche Anordnung gab, wollte ich allerdings nicht glauben.

Die Pastorin berichtet mir, dass ihr, wenngleich es sich um Einzelfälle handeln mag, ähnliche Schilderungen von Eltern zugetragen werden. Es macht sie oftmals traurig und vor allem hilflos.

Zum Abschied schenkt sie Nico einen hölzernen Engel. Solche Symbole schätzen wir sehr, glauben wir doch tatsächlich an Engel. Manchmal jedenfalls. Wir haben sogar einen eigenen Schutzengel exklusiv. Der leistet einen Fulltime-Job bei uns.

Abends werden wir bei Doris noch mit einem Barbecue verwöhnt. Sie ist aktives Mitglied in der Partei „Die Linke“ und engagiert sich bei zahlreichen sozialen Problemen. Als Betroffene kennt sie das alles aus dem Effeff. Sehr gern würden wir länger bleiben, aber die Dunkelheit naht und die Rücklichter funktionieren noch immer nicht. Sinnvollerweise wären wir besser mit Bärbels Auto gefahren. Der Wohnwagen hat irgendwo an meinem Auto einen Kurzschluss verursacht und ich finde den Fehler nicht. Ich muss dringend eine Werkstatt aufsuchen, die einfach so zwischendurch die Störung beseitigen kann. Das ist aber bei unserem straffen Wanderplan eine logistische Herausforderung. Da muss Bärbel jetzt ran. So müssen wir kurz vor Sonnenuntergang wieder aufbrechen, um das Basislager vor der Dunkelheit zu erreichen.

Inwendig warm, Tag 25
Nach Homburg Efze
Nudeln im Mondschein

Solange, wie ich leben mag,
werd' ich die Stunde und den Tag,
den Augenblick vor Augen haben.
Da sie dich mir, winzig und warm,
zum ersten Mal in meinen Arm
und in mein Herz zu legen,
gaben …
Reinhard Mey

Die alte Frau mit dem Rollator hat heute Begleitung. Eine Gruppe Nordic-Walking-Fans geht heute mit uns on the Road. Sie werden von der Diakonie betreut und sind Menschen mit Behinderungen. Ich freue mich sehr über diese Begleitung. Zuvor erhalten wir aber eine sehr herzliche Verabschiedung durch den Bürgermeister von Fritzlar, Herrn Spogat, sowie von gleich mehreren Behindertenbeauftragten aus Stadt, Kreis und Land. Dann geht es steil hinab, auf der Suche nach dem geeigneten Weg. Es ist immer etwas problematisch, eine Stadt auf der richtigen Straße zu verlassen. Die Wander-gruppe hat leider auch keine Ortskenntnisse. Weil die Stadtgrenze aber ganz unten im Ort ist, brauchen wir einfach nur bergab zu gehen.

Die Leute haben trotz ihrer unterschiedlichen Beeinträchtigungen ein gutes Tempo drauf. Wir halten mit, keine Frage. Einer der Jungs, Christopher, hält mich stets am Ärmel fest. Er taucht immer wieder auf und erzählt begeistert von seinem Hobby, der Musik. Ich bin beeindruckt, was der Bursche, trotz seiner geistigen Behinderung, alles drauf hat. Er spielt zahlreiche Instrumente, ich weiß nun endlich auch, was eine App ist und kenne seinen gesamten Freundeskreis. Zumindest vom Hörensagen.

Nach ein paar Kilometern erreichen wir Wabern. Hier gibt es eine Behinderteneinrichtung, von der wir zum Kaffee und Kuchen eingeladen wurden. Nico bedient sich schon mal am Kuchenbuffet, ist mit seiner Auswahl aber unzufrieden. Ich muss ein bisschen erzieherisch tätig werden. Volker, der neben uns sitzt, torpediert meine Bemühungen.

„Lass ihn doch!", das sagt mir dieser Profi. Meine Autorität bleibt auf der Strecke. Ich werde zu einem Rundgang und zum Besichtigen der Werkstätten eingeladen und überlasse dem Fachmann gern diesen Kuchenmatscher.

Ich möchte auf Nicos Farm auch eine Behindertenwerkstatt einrichten und betreiben. Wir wollen das Rad nicht neu erfinden. Abkupfern heißt deshalb die Devise. Der Gerätepark ist ziemlich modern, effizient und sehr beeindruckend. Aber ein paar Nummern zu groß für uns. Unser Konzept sieht auch andere Tätigkeiten vor. Nico, zum Beispiel, ist nicht „werkstatttauglich", heißt es. Niemand wollte ihn haben, weil er nicht produktiv arbeiten kann. Was er herstellen könnte, würde anschließend im Mülleimer landen. Dennoch halte ich eine würdevolle Beschäftigung für ein Grund- und Menschenrecht. Denn auch ein Mensch, wie Nico, kann Tiere füttern und Blumen gießen. Jeder hat das Recht, morgens zu erwachen, mit dem Wissen, gebraucht zu werden. Obwohl dies verfassungsmäßig verbrieft ist, klaffen Theorie und Praxis mal wieder weit auseinander. Wir arbeiten daran …

Es geht weiter. Volker begleitet uns nun ein Stück des Weges. Kurz darauf kommt auch noch sein Schwager Uwe hinzu. Er hat für Nico leckeres Eis mitgebracht. Und für uns leckeres Pils. Uwe und seine Frau Andrea sind unsere Gastgeber. Wir haben unseren Wohnwagen bei ihnen auf dem Garagenvorplatz geparkt. Gleich nebenan haben sie noch ein leer stehendes Haus. Dort können wir duschen und die Küche benutzen. Soviel Komfort hatten wir lange nicht mehr. Wir genießen die Gastfreundschaft in vollen Zügen. Volker pennt dort auch und hat sein Koordinationshauptquartier in einem der Zimmer eingerichtet. Wenn ich mich morgens um sieben mit schweren Gliedern und halb geschlossenen Augen zum Waschraum schleppe, sitzt Volker schon putzmunter an seinem Laptop und plant bereits die nächsten Termine. Als erklärter Morgenmuffel möchte und werde ich diesen Level nie erreichen. Biorhythmisch ticke ich eben ein bisschen anders.

Andrea und Uwe sagten, wir sollen uns wie zuhause fühlen. Ich achte sehr darauf, dass wir davon keinen Gebrauch machen. Sicher müssten wir sonst auf dem Rückweg noch mal wiederkommen. Zum Entschuldigen. Wir kommen natürlich sehr gern wieder. Aber lieber nicht um Schäden zu beseitigen und Renovierung oder Haftpflichtformalitäten.

Uwe übernimmt mit seinem Fahrrad die Feinnavigation und sucht uns den besten Weg. Wir wollen einen Bahnübergang überqueren. Die Schranken sind hier immer geschlossen und man muss den Schrankenwärter via Sprechtaste bitten, den Übergang zu öffnen.

„Mach mal bitte auf", schnackt Volker ins Mikrofon. „Wir wollen zum Bodensee!" „Na klar", kommt die vergnügte Antwort."

„Den Weg runter, immer geradeaus und in 14 Tagen seid ihr am Bodensee".

In Lembach machen wir Etappenstopp. Hier werden gerade Zelte für das bevorstehende Wochenendfest aufgebaut. Leider gibt's nichts zu futtern. Darum beschließen wir nach Fritzlar auszuweichen, um uns beim Italiener zu stärken. Inzwischen ist auch Bärbel eingetroffen, der es tatsächlich gelungen ist, das seit Wochen defekte Rücklicht reparieren zu lassen.

„Eine Sicherung war kaputt", bemühe ich mich, die beschämende Nachricht zu überhören.

Vielleicht hätten wir unseren Besuch in dem Lokal eine Woche zuvor anmelden sollen. Anscheinend ticken die ähnlich, wie die Jungs von der Bahn. Mir ist nicht ganz klar, was man tun muss, um eine Bestellung aufzugeben. Wir werden einfach ignoriert. Das ist für den Kellner eine stramme Leistung, denn

Nicos Protest hallt lautstark durch die Räume. In der linken Hand die Gabel, in der rechten Hand einen Löffel, schlägt er abwechselnd auf die vom Vorgänger besudelte Tischdecke. Soll heißen: „Mach hinne, Meister!" Endlich erfahren wir die Gnade einer Zuwendung und dürfen unsere Bestellung aufgeben. Es dauert nun nur noch eine geschlagene Stunde, bis die erste Antipasti auf dem Teller erscheint. Die Sonne ist bereits hinter dem Horizont versunken, als endlich auch die Nudeln in Sicht kommen. Volker beschwert sich beim Bezahlen der Rechnung dann auch zu recht über den eigenwilligen Bedienungskomfort. Allerdings trägt er die Reklamation mit einer weltmännischen Haltung und einer rhetorischen Brillanz vor, der wir ehrfürchtigen Respekt zollen. Und dann, weil uns ein Autositz fehlt, verschwindet dieser Weltenmann ganz weltmännisch, direkt vor den Augen des verdutzten Kellners in unserem Kofferraum und macht den Deckel zu. Wir kriegen uns nicht mehr ein.

Mit leichtem Hörsturz, hervorgerufen durch die Dauerbeschallung meines unzufriedenen, weil Hunger gestressten Kollegen, kommen wir wieder bei Uwe und Andrea an, wo wir mit einem herben Pils für das etwas anstrengende Abendmahl entschädigt werden.

Inwendig warm, Tag 26
Nach Schwalmstadt

Ihr Kinderlein kommet …

„Viel Glück und viel Segen auf all deinen Wegen ….“

Ist das wieder einmal süß! Nico wird von einer Schar gelbgekleideter Kita-Zwerge umringt und bekommt ein kleines Ständchen geboten. Sie begrüßen ihn fröhlich, nehmen ihn in ihre Mitte und reichen ihm ihre kleinen Hände. Mr. Wichtig genießt das Bad in der Menge und freut sich überschäumend vor Glück. Und nun singen sie ihm dieses schöne Lied. Es gibt so viele wunderbare Begegnungen auf unserer Wandertour, die in der Erinnerung haften bleiben werden. Dieser Moment gehört mit Sicherheit dazu. Auch Bärbel berührt diese Darbietung besonders, haben sie doch ihren – unseren – Sohn in ihr Herz geschlossen.

Von unserer neuen Freundin Doris bekommt Nico noch einen großen Teddybär in den Arm gelegt. Und sofort beginnt er zu kuscheln. Im Wechsel mit Lina, dem kleinen Hündchen, das er liebevoll an sich drückt. Lina sitzt bei Nico auf dem Schoß und sabbert ihm die Hände ab.

Die Kinder begleiten uns dann in Richtung Stadtgrenze. Im Gänsemarsch zieht eine gelbe Kolonne durch die Straßen der Altstadt. Es geht mal wieder bös bergab und ich habe alle Mühe, die Karre mit dem schweren Kind abzubremsen, während ich mich mit den Erzieherinnen unterhalte. Bergab ist manchmal genau so anstrengend wie bergauf zu schieben.

An einer Kreuzung heißt es ade sagen, die Kinder gehen fröhlich winkend zurück in ihre Kita. Es ist anzunehmen, dass auch sie diese Begegnung in ihren Herzen behalten werden. Vier Erzieherinnen bleiben noch kurz bei mir, um mir den besten und kürzesten Weg nach Schwalmstadt zu erklären. Das ergibt dann auch vier verschiedene Variationen. Nicht nacheinander, gleichzeitig selbstverständlich. Das lustige Geschnatter übersteigt meine Aufnahmekapazität.

„Wenn du den Weg nach unten ..."

„Nein, du musst dort entlang und wenn du an die Kreuzung kommst, dann ..."

„Das ist doch viel zu weit, du gehst am besten links rum."

Aber wenn er dort lang geht, kommt er doch ..."

Nach einer Weile kommt etwas Struktur in die Wegbeschreibungen. Ich bekomme einen Zettel mit den Straßennamen. So kann ich mich weiter fragen. Wir verabschieden uns herzlich. In Hamburg sagt man tschüss und ich trabe, immer noch bergab, die Straße hinunter. Wie war das nochmal? Unten links, oder ...?

Endlich geht es ebenerdig weiter, durch ein Industriegebiet, nicht schön, aber geradeaus. Zeit für einen kleinen Imbiss. Diese Süßen haben uns eine zünftige Ausrüstung mitgegeben. Einen Wanderstab und einen Beutel mit Wegzehrung, damit wir bei Kräften bleiben. Obst, Süßigkeiten, Kekse, alles ist drin. Dieses wunderbare Treffen erfolgte spontan, denn sie hatten erst gestern Abend von uns erfahren. Volker unterhielt sich gestern zufällig mit dem Hausmeister der Kita. Der gab die Informationen sofort weiter und die Erzieher handelten rasch und improvisierten dieses wunderschöne Treffen. Oftmals höre ich, wenn wir beispielsweise drei Wochen vorher zum Laterne basteln einladen:

„Das ist ja doch alles sehr knapp!"

Was übersetzt bedeutet: wir haben keinen Bock!

Es ist nicht nur mal wieder unerträglich heiß, es geht auch wieder bergauf. Es muss einmal gesagt werden: Berge sind überhaupt nicht barrierefrei und gar nicht behindertenfreundlich! Ich creme Nico alle 15 Minuten die Lippen ein. Nach einer langen Rast am Silbersee – den Schatz haben wir nicht gefunden, traben wir weiter über Stock und Stein bis nach Schwalmstadt. Irgendwie hat Herr Google uns entfernungsmäßig angeschmiert. Es zieht sich. Volker kommt uns ein Stück entgegen und übernimmt den Rollator. Lange hält er aber nicht durch. Er ist ja auch nicht mehr der Jüngste.

Das letzte Stück bis in die Altstadt bewältige ich dann auch ohne ihn.

Dort werden wir von einer Gruppe der Partei „Die Linke" in Empfang genommen und zum Bratwurstessen eingeladen. Nico interessiert sich besonders für einen kleinen Waschbären, der im Arm einer der Gäste kuschelt. Der kleine possierliche Bursche wurde als Baby wohl mal ausgesetzt und ist dann liebevoll wieder aufgepäppelt worden.

Wir müssen uns verabschieden, denn die nächste Bratwurst wartet bereits auf uns. So werde ich nie Vegetarier, mein erklärtes Ziel, noch vor dem Ableben. Andrea und Uwe, unsere Freunde und Gastgeber, laden zum Barbecue ein. Es wird ein feuchtfröhlicher Abend. Die Bar ist eröffnet. Dieses Beisammensein erinnert ein wenig an die iberische Trinkkultur in El Arenal. Nur, dass wir hier aus Gläsern trinken. Soviel Stil muss sein. Und so beginnt der nächste Tag mit leichten Nebenwirkungen.

Inwendig warm, Tag 27
Nach Kirtorf

Big Brother is Watching You

Es ist Samstag. Die Bürger ruhen aus vom Alltagsgetriebe. Schwalmstadt liegt noch im Dornröschenschlaf. Bevor wir nach Hamburg fahren, um Nico etwas Ruhe zu gönnen, wandern wir noch schnell eine Etappe bis nach Kirtorf. Heide, die Kommunalpolitikerin der Linken von Schwalmstadt, erwartet uns bereits auf dem Marktplatz zur Verabschiedung. Es ist wohl ein Virus. Eigentlich wollte sie uns nur verabschieden. Eigentlich. Na gut, vielleicht ein paar Meter mitlaufen. Michael, ihr Kollege aus dem Gardinenladen, hat mir eine schöne Wanderstrecke gegoogelt. Einen Fahrradweg querfeldein.

Die beiden kommen mit. Gegen ihren Willen, aber einem unerklärbarem Zwang folgend. Wir unterhalten uns angeregt und so merken sie gar nicht, dass ich sie schon lange über die Berge gequatscht habe. Es geht bergauf und bergab. Aber meistens bergauf. Die Sonne brennt mal wieder erbarmungslos. Der Radweg entpuppt sich als ein Schotterweg mit spitzen Steinen. Ich bin in Sorge wegen der Reifen. Wenn wir jetzt einen Plattfuß kriegen, könnte sich das sehr unangenehm auf meine bisher noch gute Laune auswirken.

Mir tropft der Schweiß von der Stirn, direkt in meine Augen. Die fangen an zu brennen und ich muss immer reiben. Ich bin ein bisschen neidisch auf die Augenbrauen von Theo Waigel. Bei Theo leckt nix durch. Bei Gelegenheit werde ich mir wohl mal ein Stirnband zulegen müssen. Ist auch viel schicker als dicke Augenbrauen.

Wasenburg kommt in Sicht. Ein schöner kleiner Ort für einen Stopp. Eigentlich ist der Ort ziemlich langweilig. Aber Stopp ist immer gut. Nach einem sauren Apfelwein – Heide trinkt ihn sogar mit Brause, aber ich will ja lustig werden – verabschieden wir uns. Sie haben inzwischen bemerkt, dass sie länger gewandert sind, als geplant. Nico und ich traben alleine weiter.

Ein unangenehmer Geruch dringt in meine Nase. Weihwasser ist das nicht. Ist das Bauer Piepenbrink, der wieder mit seinem Gülle-Truck unterwegs ist? Kommt aber von dicht bei. Nico? Nico! Nico kann nämlich zaubern. Nico kann machen, dass die Luft schlecht riecht. Ich gucke mal nach. Oha. Die Windel ist geflutet. Okay, Boxenstopp, den ganz großen.

Nach vielem Auf und Ab erreichen wir endlich Kirtorf. Wir wollen nun schnell nach Hamburg sausen. Ich habe es mir anders überlegt und möchte Nico nun doch noch einmal ein paar Tage Ruhe gönnen und ihm die Chance geben, sich wieder von mir zu erholen. Kraft zu schöpfen für die letzte große Etappe von Frankfurt bis zum Bodensee. Aus logistischen Gründen und wegen der großen Entfernung ist eine Auszeit in Hamburg später nicht mehr möglich.

Nico geht dann wieder für ein paar Tage in die Tagesförderung. Vor kurzem habe ich erfahren, dass es Ärger gab. Der Leiter der Einrichtung hatte große Probleme, der Behörde nachzuweisen, dass Nico bei ihm betreut wird. Ich hatte ihn ja zwischendurch immer mal wieder zum Ausruhen nach Hause gebracht. Nun zweifelte die Sozialbehörde die Betreuung in der Tagesförderung an und begründete diese Zweifel mit dem Hinweis, dass sie uns im Internet verfolgen würden. Eine interessante Information, denn wir hatten die Bewilligung der Fördermaßnahme, einer guten alten Tradition folgend, erst im Widerspruchs- und Beschwerdeverfahren durchsetzen können. Die Betreuung scheiterte mal wieder an der leidigen Busbeförderung, für die ja ein Urteil des Sozialgerichtes vorlag. Aber diesmal war die bewilligende Stelle nicht die Schulbehörde sondern das Bezirksamt.

Nachdem Nico aus der Schule entlassen wurde, waren wir sehr glücklich, eine Einrichtung gefunden zu haben, die Nico betreut und vor allem, in der er herzlich willkommen ist. Die

Teilnahme an so einer Förderung steht ihm gesetzlich zu und so waren wir sehr überrascht, eine Ablehnung der Maßnahme zu bekommen. Genau genommen, so richtig überrascht war ich eigentlich nicht, denn mir war die Sachbearbeiterin während eines kurzen Telefonats wegen ihrer extremen Unfreundlichkeit etwas unangenehm im Gedächtnis haften geblieben.

„Die Maßnahme wird abgelehnt", heißt es dann auch rechtswidrig in dem zweizeiligen Bescheid, „weil die Beförderung zur Einrichtung zu teuer ist."

Aha, dachte ich mir. Kann man dem Steuerzahler nicht zumuten. Und mit Steuergeldern muss man nun mal verantwortungsvoll umgehen. Weiß ich doch.

Also, das übliche Spielchen: Widerspruch mit Hinweis auf das Urteil und dezente Anfrage beim Leiter des Bezirksamtes, ob es wirklich notwendig ist, dass die Behörde mit einem behinderten Menschen in dieser Form korrespondiert. Immerhin ist Nico inzwischen erwachsen und eigentlich ein gestandener Mann. Der aber extrem viel Hilfe und Zuwendung benötigt. Der Leiter, immerhin im Range eines Bezirksbürgermeisters, reagierte sofort und teilte mir bereits nach ein paar Tagen mit, dass meinem Widerspruch abgeholfen wurde.

Ich wünsche mir eigentlich Gesprächsverläufe, wie sie sich stets während der Wanderung ergeben. Durchaus ergebnisoffen, aber immer auf Augenhöhe. Dann wäre kein einziger Widerspruch mehr notwendig.

Es muss der Sachbearbeiterin dann wie ein Affront vorgekommen sein, dass ich Nico nun erst einmal mit auf Tour genommen habe, anstatt ihn in die Tagesförderung zu bringen. Selbstverständlich war alles mit der Einrichtung abgesprochen. Klammheimlich stelle ich mir vor (ich bin ja auch nur ein Mensch), wie sie wutschnaubend die Tagebuchaufzeichnungen verfolgt. Nur zu gern wüsste ich, woher sie diese Informationen erhalten hat, denn in Hamburg wurde kein einziger Artikel über die Wanderung veröffentlicht. Unser Rechtsanwalt hat jedenfalls durch Einsicht in unsere Akten Kenntnis davon erhalten, dass das Internet ein sehr probates Medium ist, Widerspruchsführern, wie mir, ein wenig in die Karten zu schauen. Ich konnte es mir nicht verkneifen, die Arme bei unserem nächsten Internetauftritt mit diebischer Freude aufs Herzlichste zu grüßen.

Am Straßenrand warten wir auf Bärbel, die uns wieder nach Hamburg und Nico unter ihre Fittiche bringt.

Inwendig warm, Tag 28
Nach Mücke

Empört Euch – wehrt Euch!

Das Wetter ist nicht schön. Eine freundliche Umschreibung für: „Es gießt, wie aus Eimern." Nur mit einem Auge blinzle ich aus dem Wohnwagenfenster. Alles ist grau in grau. Wo kriege ich jetzt eine Arbeitsunfähigkeitsbescheinigung her? Ich möchte nämlich im Bett bleiben. Es nützt nix. Ich rolle meine müden Knochen aus dem Bett. Eigentlich hätte ich gestern den Wohnwagen nach Friedberg bringen sollen, nachdem ich aus Hamburg zurückgekehrt bin.

Addierte 65 Kilometer Stau auf der Autobahn haben mich daran gehindert. Volker hat mir nun angeboten, den Wohnwagen in den neuen Standort zu ziehen. Ich fürchte, es ist ihm nicht wohl dabei, ein Einfamilienhaus hinter sich her zu ziehen. Die kleinen Gassen mit ihren rechtwinkligen schmalen Abzweigungen haben es in sich. Bis Kirtorf übernehme ich. Danach – nach mir die Sintflut – übergebe ich das Riesenteil an unseren Koordinator. Armer Volker. Zuvor habe ich aber noch ein größeres Problem: Der Schlüssel für das Haus, den mir Uwe anvertraut hat, ist futsch. Ich stelle den gesamten Wohnwagen auf den Kopf. Futsch bleibt futsch. Das kann nicht sein, ich habe noch nie Schlüssel verloren. Behaupte ich so für mich. Es gibt andere Stimmen, ich weiß. Ein paar Tage später finde ich ihn glücklicherweise wieder. Er klebt am Magneten der Taschenlampe. Gott sei Dank! Ich bin rehabilitiert.

Wir treffen in Kirtorf ein. Der Bürgermeister kommt und bringt ein paar Abgesandte mit. Es ergibt sich abermals ein netter Gesprächsaustausch. Wir erfahren auch, dass es hier Probleme mit Nazis gibt. Aber die engagierten Bürger wissen sich zu wehren. Auch die Themen Behinderung, Pflege und Solidarität, sind bereits im Bewusstsein eingebrannt, so dass ich auch hier offene Türen einrenne.

Ich verabschiede mich nun und gehe quer durch die Wälder. Ich habe ein bisschen Zeit zum Nachdenken. Mehr als die Hälfte an Zeit und Kilometern habe ich bereits hinter mir. Neulich hatte ich bereits Bergfest. Also, Zeit für ein Resümee: In jedem Interview lautet die erste Frage nach dem Grund. Die ist einfach zu beantworten:

Aus Liebe zu meinem Sohn!

Was wird aus ihm, wenn mir der liebe Gott die Lichter auslöscht? Auch Nico wird einmal alt sein. Aber er wird auch behindert bleiben. Dann ist er alt *und* behindert!

Claus Fussek hat gerade ein neues Buch mit dem Titel „Es reicht!" herausgegeben. Fussek ist ein Experte, der die Pflegesituation ganz genau kennt. Ich finde auch, dass es reicht. Aber was sollen wir tun? Ja, genau: WIR! Es geht uns alle an. Jeder von uns wird irgendwann im Leben mit Pflege konfrontiert. Wenn der Partner betroffen ist und ausfällt, oder die Oma, oder die Mutter oder …

JEDER IST EIN BETROFFENER!

Wenn nicht heute, dann ein Betroffener von morgen.

Und was ist mit den „indirekt" Betroffenen, dem Pflegepersonal? Stets unterbesetzt und stets unterbezahlt. Für die Pflege meines Autos in einer Werkstatt gibt es mehr Geld als für die Pflege meiner Oma. Aber die wird ja auch nicht in einer Werkstatt betreut.

„Leistung muss sich wieder lohnen", sagte mal ein hochrangiger Politiker.

Im letzten Jahr hatte der VW-Chef 17 Mio. Euro Gehalt. Eine Pflegekraft arbeitet dafür 800 Jahre. Aber das ist ja leistungsbezogen. Was DER alles weg arbeitet!

Am Beispiel der Antiatomkraftbewegung können wir lernen, dass die Politik nur dann in die Gänge kommt, wenn sich der Zorn der Bevölkerung der Politik entgegenstellt. Dann fallen Atommeiler, dann fallen Grenzen. „Wir sind das Volk!" Die

DDR gibt es nicht mehr. Warum? Weil Menschen protestiert, weil sie sich empört haben! Aber wo sind sie geblieben? Die, die ihre Füße in den Dreck stemmten? Ihr wärt hier so wichtig. Jetzt! Was wir brauchen, ist eine Revolution. Eine Revolution in der Pflege. Eine Revolution für die Menschlichkeit.

Und in der Tat gibt es ein zartes Pflänzchen. Ein Netzwerk, eine Revolution, derer, die Sorge tragen: die „CARE REVOLUTION", in dem auch Nicos Farm, unser kleiner Verein, Mitglied ist und mitmischt. Dort setzen sich Junge und Alte, Menschen mit und ohne Behinderung für eine Welt ein, in der ein gutes Leben für alle möglich ist – ohne jemanden auszuschließen und nicht auf dem Rücken anderer. Dieses Netzwerk, an dem bundesweit bereits mehr als 70 Gruppen aktiv mitwirken, setzt sich ein für existenzielle Sicherheit und für genügend Zeit für die Selbstsorge, aber auch die Sorge für andere Menschen. Die beteiligten Gruppen setzen die unterschiedlichsten Aktionsformen ein: Demonstrationen und Flashmobs, Beteiligung an kritischen Fernsehsendungen oder Petitionen.

Bei diesen, überwiegend jüngeren Leuten, fühle ich mich verstanden. Dort treffe ich all diejenigen, die nicht aufgegeben haben, das eigentlich einfache, aber so schwierig zu erreichende Ziel ernst nehmen und mit viel Engagement verfolgen. Sie – nein wir – treten ein für eine Gesellschaft, in der nicht Profitmaximierung, sondern die Bedürfnisse der Menschen im Zentrum stehen. Für eine Charta der Selbstverständlichkeiten. Und darum wandere ich meckernd durch Deutschland. In der Hoffnung, zu sensibilisieren, zur Empörung zu ermuntern, Mut zu machen, sich zur Wehr zu setzen.

Genug der Empörung. Ich erreiche Mücke. Ich bin im Rewe-Markt eingeladen. Volkers Neffe ist dort Filialleiter. Er hat bereits den Empfang vorbereitet. Seine Mitarbeiterinnen haben den Tisch mit vielen Köstlichkeiten gedeckt. Ich muss aber noch die lange Straße hinunter. Welche Freude, sie führt abwärts. Ich setze mich in den Rolli und brettere die anderthalb Kilometer auf dem Radweg hinunter. Das macht Spaß.

Volker ist mir mit einem Auto entgegengekommen. Nun fährt er vorweg, um mir den Weg zu zeigen. Beinahe überhole ich ihn noch mit meiner rollenden Rakete. Mit aller Kraft muss ich den Lenker festhalten. Und nun bloß keine Kurve fahren, sonst kippe ich in voller Fahrt in den Graben. Nach fröhlicher Begrüßung falle ich ausgehungert über den Kuchen her. Während ich so am Tisch sitze und über den Parkplatz schaue, fällt mir eine Gestalt auf, die gerade aus dem Auto steigt. Kommt mir irgendwie bekannt vor. Dieses breite Grinsen kenne ich doch. Aber nee, das kann nicht sein. Doch, der sieht aus wie Andreas, ein alter Freund von mir. Langsam kommt die Gestalt näher. Das glaube ich jetzt nicht. Er ist es tatsächlich. Andreas, wie er leibt und lebt. Einige Jahre haben wir uns nicht gesehen und aus den Augen verloren.

„Ich hab das auf Facebook gelesen", erzählt er mir, während wir uns umarmen. „Ich war grad in der Nähe, also ungefähr 200 Kilometer von hier", berichtet er lachend. „Da dachte ich, ich komme mal kurz vorbei!"

Leider ist die Zeit nun viel zu knapp geworden. Volker hat uns eine Unterkunft bei der Diakonie besorgt. Da müssen wir dringend hin, weil die auf uns warten.

Andreas versteht das. Trotz der Kürze.

Die Herzlichkeit war es wert.

Inwendig warm, Tag 29
Nach Hungen
Ins Gefängnis

Das Schlimmste am Wandern ist das Aufstehen. Jeden Morgen. Und immer so früh. Volker und ich haben heute bei der Diakonie übernachtet. Die Einrichtung Hephata in Treysa hat uns kostenlos zwei Zimmer zur Verfügung gestellt. Karin Fuchs, die im Empfang arbeitet, hat extra unseretwegen Überstunden gemacht, weil wir zur Schlüsselübergabe nicht rechtzeitig vor Ort waren. Schuld daran war – ganz klar – Andreas. Den konnte ich doch nicht einfach so stehen lassen. So saß ich mal wieder zwischen den Stühlen. Als Geste der Entschuldigung luden wir Frau Fuchs gestern noch zu einem kleinen Umtrunk ein. Gemeinsam fuhren wir in den Specht, eine kleine Pinte, deren Wirt wir bereits bei der Wanderung nach Schwalmstadt kennengelernt hatten. Karin holte auch noch Corinna Otto hinzu, der wir die Organisation mit den Zimmern zu verdanken hatten. Die beiden erzählten uns von der beeindruckenden Einrichtung der Diakonie. Deshalb wurde es wieder einmal spät und ich bin wieder einmal müde. Corinna, die eigentlich frei hat, will uns heute die Werkstätten zeigen. Wir frühstücken gemeinsam und dann geht es vorbei an der Gärtnerei und dem hauseigenen Friedhof – praktisch denken – in die Werkräume. Wir können aus Zeitgründen nur eine Stippvisite machen. Ich muss ja noch auf die Piste.

Alle Bewohner und Bewohnerinnen arbeiten mit. Teilweise auf hohem Niveau, je nach ihren Fähigkeiten und Beeinträchtigungen. Ich verinnerliche für Nicos Farm schon mal die eine oder andere Möglichkeit zum Abkupfern. Muss ja nicht unbedingt der Friedhof sein.

Wir müssen los, die Zeit drängt. Ein herzliches Dankeschön an Corinna, die verspricht, in Frankfurt dabei sein zu wollen. Wir kommen wieder in Mücke an und ich sattle zum Start den Rolli. Ab geht die Post, direkt durch den Wald.

Bergauf, wie immer. Oben angekommen besteige ich meinen Ein-mannturbo und rausche wieder ins Tal hinab. So macht wandern Spaß. 10 % Gefälle zeigt mir das Schild vor einem kleinen Ort. Mit wehendem Haar sause ich an einer Radarfalle vorbei. Vorsichtshalber bremse ich ein bisschen ab. Ärgere mich aber im nächsten Moment. Das wäre doch ein tolles Foto geworden und das Bußgeld wäre den Spaß wert. Aber ich habe ja kein Nummernschild. Die Halterermittlung wäre für die Polizeibeamten sicher eine Herausforderung.

Mit Bußgeldern kenne ich mich aus. Da habe ich Erfahrung. Einmal sollte ich wegen Falschparkens sogar ins Gefängnis gehen. Und das kam so:

Ich war mit Nico bei einer Behörde, die für Behinderte zuständig ist, um mal wieder einen Antrag zu stellen. Leider gab es vor dem Haus keinen Behindertenparkplatz. Ich stellte das Auto deshalb auf einem breiten Sandstreifen neben anderen parkenden Autos ab. Dachte mir auch nicht viel dabei, hatte ja den Behindertenausweis unter die Scheibe gelegt. Wieder zurückgekehrt, klebte an genau dieser Stelle ein Ticket unter dem Scheibenwischer.

Es dauerte ein paar Wochen, dann traf auch der dazugehörige Bußgeldbescheid ein. Bedauerlicherweise waren wir aber gerade zur Delfin-Therapie auf Curacao und bei der Heimkehr war die Widerspruchsfrist abgelaufen. Nun gut, beantragte ich halt die „Wiedereinsetzung in den vorigen Stand“. Das kann man machen, wenn man im Urlaub war oder im Krankenhaus oder, oder.

„Das glauben wir nicht“, kam die prompte Antwort.

Okay, Flugtickets und Therapiebescheinigung als Beweismittel nachgelegt.

„Sie wussten doch, dass wir mit einem Bußgeldbescheid auf Sie zukommen werden“, die erneute Antwort. „Deshalb hätten Sie sicherstellen müssen, auf Curacao postalisch erreichbar zu sein.“

Ich gab einen kleinen Exkurs in Geografie und mutmaßte, dass ein Brief in die Karibik und die Antwort darauf gut und gern 4 Wochen unterwegs seien. Ich war nicht gewillt, es hinzunehmen, dass ein Rollstuhlfahrer auf so einer Fläche nicht stehen dürfte. Das sollte gefälligst ein Gericht entscheiden. Dem Urteil würde ich mich beugen. Leider wurde mein Widerspruch wegen Fristüberschreitung aber nicht zugelassen.

So ging das etwa ein Jahr immer hin und her. Ich bemühte mich um eine Entscheidung, die Verkehrsbehörde antwortete mit „Nö, zahlen!"

Dann habe ich ein weiteres Jahr lang nichts mehr gehört. Oha, dachte ich mir. Die Vernunft hat wohl gesiegt.

Plötzlich tauchte dann im Briefkasten ein Schreiben auf. Sehr rot und nicht zu übersehen:

„Zahlen Sie endlich oder 3 Tage Erzwingungshaft!"

Just an diesem Tag war ein Fernsehteam vom Regionalsender Hamburg Journal bei uns, um einen Filmbericht über Nicos Farm zu drehen. Ich zeigte der Redakteurin den Brief und sagte ihr, dass ich mich, vor die Wahl gestellt, in diesem Fall für das Angebot „Erzwingungshaft" entscheiden werde.

„Sag bloß rechtzeitig Bescheid", sagte sie mir. „Wir kommen mit!"

Ich teilte also der Behörde mit, dass ich mich für das Angebot mit der Erzwingungshaft entschieden habe.

Tatsächlich gibt es Leute, die behaupten, Nico habe seinen Dickkopf von mir. Das kann nicht sein, denn ich habe meinen ja noch.

„Eine Kleinigkeit", schrieb ich: „ich habe einen schwerbehinderten Sohn. Der müsste bei meinem Haftantritt und während der Zeit meiner Haft in einem Pflegeheim betreut werden. Seien Sie doch so nett und stellen Sie das sicher."

Selbstverständlich hatte ich die notwendigen Versorgungsmaßnahmen selber ergriffen. Nico wäre in jedem Fall versorgt worden. Von der Mama oder durch Freunde. Ich wollte einfach mal testen, was mit einem behinderten Kind geschieht, wenn der Vater im Knast sitzt. Kurz vorher war in Hamburg ein Kind trotz der Oberaufsicht durch das Jugendamt derart vernachlässigt worden, dass es bei lebendigem Leibe verhungerte. Bei der Spurensicherung stellte man erschütternd fest, dass dieses arme Geschöpf tatsächlich den Kitt aus dem Fensterrahmen gekratzt hatte. Daraufhin gab es dann die obligatorischen behördlichen Krokodilstränen, ein paar Bauernopfer und alles blieb beim Alten. Nun wollte ich mal ausprobieren, wie verantwortlich mit einem Kind, noch dazu mit einem behinderten Kind, verfahren wird. Nix. Keine Reaktion. Nicht einmal die Aufforderung, ich solle gefälligst selbst für eine Unterbringung sorgen. Die Konsequenz meines Haftantritts, Nico betreffend, wurde einfach ausgeblendet und nicht zur Kenntnis genommen. Und ich wollte ernsthaft wissen, ob ein Mensch mit Behinderungen auf einem Sandplatz parken darf.

Es folgten noch drei weitere Aufforderungen, die aber von mir alle gleichlautend beantwortet wurden. Wieder lange Zeit nichts. Meine Sturheit sollte aber nicht darüber hinwegtäuschen, dass mir ausreichend Gelegenheit gegeben wurde, das Bußgeld zu zahlen, um damit eine Haftstrafe zu vermeiden. So viel Fairness muss schon sein. Es sollte auch nicht der Eindruck entstehen, man könne eine Ordnungswidrigkeit einfach aussitzen. Selbstverständlich muss man bei Uneinsichtigkeit Sanktionen erwarten.

Eines Tages rief mich eine Richterin an:

„Ich habe Ihren Fall vorliegen", sagte sie. „Den hätte ich gern vom Tisch."

„Ich auch", erwiderte ich und schilderte ihr meine Beweggründe.

„Wo kein Schild ist, darf man auch nicht parken", keifte sie. „Auch ein Behinderter nicht".

Das konnte ich nun gar nicht glauben. Dann könnte man ja, zum Wohle der Staatskasse, die Hälfte der Hamburger Autofahrer mit Bußgeldern beglücken. „Und im Übrigen", fuhr sie fort, „bin ich der Meinung, Sie hätten auf Curacao sogar telefonisch erreichbar sein müssen!“

Weil sie nun auch noch darauf bestand, dass das Auto gar nicht hätte auf Nico zugelassen sein dürfen, zweifelte ich zaghaft ihre juristische Kompetenz an. Selbstverständlich darf man ein Auto besitzen, auch, wenn man es nicht selber führen kann. „Sie sind ja völlig beratungsresistent“, entgegnete sie mir mit erregter Stimme. „Ich werde nun der Staatsanwaltschaft die Haftanordnung zukommen lassen!“

„Okay“, sagte ich. „Aber was ist denn mit meinem Sohn? Es müsste doch endlich einmal geregelt werden, was bei einer Festnahme passiert. Da steht er hilflos in seinem Rolli am Straßenrand und ich hole ihn nicht aus der Schule ab, weil ich auf dem Weg dorthin verhaftet würde.“

„Das interessiert mich nicht, das regelt die Staatsanwaltschaft“, beendete sie das Gespräch.

Die regelte das natürlich gar nicht und schickte mir einen Übernachtungsgutschein für das Untersuchungsgefängnis. „Haftantritt innerhalb einer Woche!“

Ich rief die Redakteurin an: „Es ist so weit.“

Das Filmteam rückte noch am selben Tag an. Weil sich niemand um meinen Jungen kümmern wollte, beschloss ich, ihn einfach mitzunehmen. So filmten sie, wie wir zwei Knackis in spe unsere Rucksäcke packten, Klamotten für drei Tage zusammen stellten, Zahnbürste, Seife. Alles, was der Mensch im Knast so braucht. Dann fuhren wir zum Lokaltermin, dem Ort meines vermeintlichen Frevels.

„Da hast Du geparkt und ein Ticket bekommen?“, war die überraschte Frage der Redakteurin.

„Das glaube ich nicht, da hätte ich auch geparkt! Ohne Behindertenausweis.“

„Tja …“, kam meine knappe Antwort.

Anschließend fuhren wir zum Untersuchungsgefängnis und sie filmten, wie wir zwei künftige Beugehäftlinge an der großen Mauer entlang gingen.

„Das ist ja gar nicht barrierefrei“, sagte ich in die Kamera und zeigte auf die großen Rollen mit Stacheldraht. Nico winkte währenddessen fröhlich zu den Fenstern hoch, wo seine zukünftigen Kollegen bereits einsaßen. Noch am selben Tag erschien der Bericht im Fernsehen.

Wir verabredeten, um welche Uhrzeit ich mit Nico am übernächsten Tag an dem großen Tor vor der Haftanstalt klingeln würde, um den Übernachtungsgutschein einzulösen. Man hätte uns allerdings helfen müssen. Denn es gab ein paar Stufen zur Gefängnispforte. Ich hoffte, es würde wegen des Treppentransfers keine versicherungstechnischen Bedenken geben. Das Drehbuch stand bereits fest. Ich konnte mich einer gewissen Häme nicht entziehen und war gespannt, was sie wohl mit Nico anstellen würden. Freunde standen selbstverständlich bereit, um ihn kurzfristig in Gewahrsam zu nehmen.

Als Fotograf hatte ich bereits das filmreife Bild im Kopf, wie wir morgens, aus Osten, also aus der aufgehenden Sonne kommend, in Richtung Gefängnistor marschierten. Nico, wie immer fröhlich lachend und seinen Hamster im Käfig auf dem Schoß. Denn den konnten wir ja unmöglich zu Hause verhungern lassen. Ein verhungerter Hamster – das hätte sicherlich den größten Shitstorm ausgelöst.

Ein Tag nach der Ausstrahlung rief mich das Hamburg Journal an.

„Hat sich erledigt“, erzählte mir die Redakteurin. „Die Innenbehörde hat sich bei uns gemeldet“, fuhr sie fort. „Sie haben sich massiv beklagt, dass wir diesen Fall aufgenommen haben. Nun haben sie zum Wohle des Kindes entschieden und das Verfahren eingestellt.“

Und so weiß ich immer noch nicht, ob ich auf einem Sandplatz mit dem Behindertenausweis parken darf oder nicht.

Ich komme in Hungen an. Volker sitzt bereits mit seiner Freundin Doris vor der Käserei und lässt sich den Wein schmecken. Der hat ein Leben! Der ist immer vor mir da. Wie Hase und Igel. Und ich bin jedes Mal der Hase. Die Käserei ist eine

Erlebnisgastronomie. Wir haben dort eine Einladung zum Essen und Trinken erhalten. Das Essen ist vorzüglich. Das Trinken auch. Nach und nach treffen weitere Gäste ein. Presse ist auch schon da. Fotoshooting, Interviews. Frage nach Nico. Was hat er denn? Zerebralparese, mehrfach schwerstbehindert. „Aha! Na, dann gute Besserung!"

Endlich lerne ich Melanie kennen. Wir haben so oft schon telefoniert und Mails geschrieben. Sie arbeitet für Gooding, einem Netzwerk, das Vereine und Projekte unterstützt. Sie hat, gemeinsam mit Volker, die Organisation für den Raum Frankfurt übernommen. Und zwar mit einem Engagement, dass mir Angst und Bange wird, was mich am Samstag in Frankfurt erwartet.

Wir sitzen mit dem Bürgermeister am Tisch, jeder erzählt ein bisschen. Die nette Bedienung referiert über die unterschiedlichen Käsesorten, die sich einige zum Nachtisch bestellt haben. Eine liebe Dame überreicht mir eine Geldspende vom Verein Bürger helfen Bürger. Ich bin sichtlich erschöpft. Vom Wandern, aber fast noch mehr vom Smalltalk, der jedes Mal eine besondere Herausforderung für mich darstellt.

Du wolltest es. Nun steh es durch!

Ich habe Glück und werde wieder zu meinem Auto zurückgebracht.

Gute Nacht, Welt.

Heute werde ich nicht mehr alt.

Inwendig warm, Tag 30
Nach Dorheim

Eine Hacke macht Attacke

Hallo? Jemand da? Nö?? Ich stehe vor dem Rewe-Markt in Hungen. Eigentlich bin ich zum Frühstück eingeladen. Und über die Lokalzeitung wurde zum Mitwandern aufgerufen. Na gut, dann nicht. Hätte ich das gewusst, wäre ich liegengeblieben und hätte mir noch ein Stündchen Schlaf gegönnt. Die Tour kostet viel Kraft und ich brauche wahnsinnig viel Schlaf. Ich hole mir ein Brötchen und ein Käffchen aus der Backstube und bereite mich mental schon mal auf die vor mir liegende Strecke vor. Es sind heute nur 19 Kilometer. Vor dem Aufbruch mache ich noch eine 360-Grad-Drehung, um mich zu vergewissern, dass auch wirklich niemand mitkommen will. Mit dem Rolli als Markenzeichen bin ich eigentlich unschwer zu übersehen.

Ich schwebe über den Asphalt. Das ist auch besser so. Auftreten ist heute nicht so gut. Mein Fersensporn hat sich wieder gemeldet: „Hallo, da bin ich wieder", sagt mir meine Entzündung am linken Fersenbein. „Dachtest Du, ich hätte Dich vergessen, mein Freund?" Wenn ich den Fuß nicht abrolle, sondern einfach nur nach vorn schiebe, hält sich der Schmerz in Grenzen. Sieht aber ulkig aus. So, als würde ich eine neue Hüfte einlaufen. Aber wenn ich so weiter renne, brauche ich tatsächlich bald ein Ersatzteil, weil sich die ungewohnte Körperhaltung recht ungünstig auf mein Knochengerüst auswirkt.

Mein Orthopäde hatte mir spezielle Einlagen empfohlen. Ich war von der elektronischen Schadensbegutachtung des Fußtechnikers schwer beeindruckt. Ich musste immer wieder über eine Platte laufen, die die Belastung meiner Fußfläche, Schrittfolge und alles möglich scannte und eine optimale Fußeinlage ausrechnete. Schwer beeindruckt war ich auch von der Rechnung für dieses kleine silikongefüllte Teil. Es soll Frauen geben, die sich sowas in die Brüste einarbeiten lassen. Ich hätte es nur in den Schuh legen müssen. Leider konnte ich es nicht bezahlen. Die Krankenkasse auch nicht, sie empfahl mir eine fünfzigfach teurere Operation. Die Arge wollte die Maßnahme nur mit einem Kleinkredit finanzieren. Das lehnte ich aus prinzipiellen Erwägungen ab. Wer arm ist, stirbt früher, heißt es. Gut, wegen einer entzündeten Ferse brauchte ich mit so einem dramatischen Ausgang nicht unbedingt zu rechnen. So rüstete ich meine Bordapotheke einfach mit einer ausreichenden Menge an Schmerzmitteln aus.

Auf dem rechten Fuß sorgt mein wundgescheuerter kleiner Zeh für den nötigen Ausgleich. Ich hatte ihm ja bereits mit der Zange gedroht. Aber er lässt sich nicht beirren und scheuert einfach weiter. Klein, aber gemein. So wackele ich mit meinem Rollator über den Asphalt. Schweigend und ohne Gedanken rolle ich auf Dorheim zu. Es ist eine ganz neue Erfahrung, ohne Selbstgespräche, ohne musikalischen Beiklang an blühenden Feldern vorüberzuziehen. Einmal an nichts zu denken. Vielleicht überkommt mich ja auf diese stille Weise die in einschlägigen Erlebnisberichten geschilderte Erleuchtung.

Leider Fehlanzeige, da leuchtet nichts.

Nach fünf unspektakulären Stunden erreiche ich Dorheim. Eine sensationelle Zeit unter Berücksichtigung der benannten Handicaps.

Hallo? Jemand da? Nö??

Dann eben nicht. Dann habe ich Zeit, mir die mittelalterliche Burganlage anzusehen. Der Archäologe in mir wird wieder unruhig.

Mit dem Bus fahre ich zurück zum Rewe-Markt. Dort steht noch mein Auto, mit dem ich wieder zu meinem Basislager zurückkehre. Es war gut, alleine zu wandern. Und es ist gut, die Füße hochzulegen, die Augen zu schließen und einfach nur zu sein, nur zu atmen, nur zu fühlen.

Inwendig warm, Tag 31
Nach Karben

Der Seele Flügel wachsen lassen

High Noon in Friedberg. Endlich mal wieder eine politische Initiative, die das Thema „Pflege“ auf ihre Fahnen geschrieben hat. Die Partei „Die Linke“ in Friedberg möchte sich mit mir um 12 Uhr in der Kaiserstraße treffen. Von Dorheim bis dort brauche ich nicht lange. Ich kann also ausschlafen. Oh, wie ist das schön!

Mein Fersensporn ist mein Freund geworden und mein kleiner Zeh hat sich feige zurückgezogen. So erreiche ich strammen Schrittes den Treffpunkt viel zu früh. Eine gute Gelegenheit, die Altstadt ein bisschen zu erkunden. Ich verinnerliche eigentlich erst jetzt, wie sehr sich die Architektur seit Flensburg verändert hat.

Auch sprachlich habe ich längst eine andere Region, eine andere Kultur erreicht. Aus dem „Moin, Moin“ ist ein „Morsche“ und aus dem Flens ist ein Äppelwoi geworden. Sauer macht lustig.

Mir kommt eine kleine Gruppe fröhlicher Leute entgegen. Mit Wanderstock und gefülltem Tuch. Das ist bestimmt mein Empfangskomitee. Sehen auch ein bisschen links aus. Genau! Zur Begrüßung erhalte ich eine Grundausstattung Wanderutensilien. Irgendwann werden alle diese Exponate im „Nicos-Farm-(Aktions-)Museum“ einen würdigen Platz bekommen. Wenn es denn endlich einmal so weit wäre.

Diese lieben Menschen haben das Thema „Pflege“ aufgegriffen, Flugzettel verfasst, Plakate umgehängt und stehen nun auf der Hauptstraße von Friedberg, um auf ihre Botschaft aufmerksam zu machen. Die Leute eilen vorbei, ohne inne zu halten. Es geht sie ja nichts an. Denken sie. Vielleicht kommt die Botschaft aber auch aus dem vermeintlich falschen Lager.

Wenn hier in Hamburg mal ein guter Vorschlag von einer linksorientierten Partei kommt, sind alle anderen grundsätzlich auf Krawall gebürstet. Ich würde mir wünschen, dass dieses Thema parteiübergreifend in Angriff genommen wird. Lösungsorientiert.

Unsere Minister und Ministerinnen – haben sie nicht alle einmal geschworen, „[...] dem Wohle des deutschen Volkes widmen [...]"? Hat ein Großteil dieser Damen und Herren möglicherweise einen Meineid geschworen?

Auch die Presse ist da, eine Fotografin von der Frankfurter Rundschau möchte ein paar Fotos machen. Sie ist sehr enttäuscht, weil Nico nicht dabei ist. Ich erkläre ihr, dass er sich wieder ein paar Tage von mir erholen muss und deshalb nach Hamburg zurückgereist ist. Ich muss weiter. Heute übernachte ich in Karben, beim Berufsbildungswerk. Sie haben mir ein Zimmer für die Nacht zur Verfügung gestellt. Bis dahin sind es noch ein paar Kilometer. Die Strecke ist ereignislos. Schon lange habe ich meinen Laufrhythmus gefunden. Gleichmäßig juckele ich über den Radweg. Ich bin immer froh, wenn neben der Straße wenigstens ein kleiner Weg verläuft. So bin ich vor den Autos sicher, die manchmal rücksichtslos und sehr dicht an mir vorbei zischen. Einmal kurz, nur ganz kurz den Fuß vom Gas nehmen. Kann das denn so schwer sein?

Was ich aber noch immer nicht kann, ist der ungetrübte Blick auf den Wegesrand. Zu anstrengend ist der Marsch. Zuviel geht mir im Kopf herum. Und immer gegen die Uhr laufen, weil ja meist am Ende des Weges Menschen warten. Wie gern würde ich manchmal verweilen. Einfach nur schauen. Nico kann das gut. Er zeigt mir immer wieder Dinge, die ich schon lange nicht mehr gesehen habe. An denen ich achtlos vorbeigehe. Es ist die vielleicht wichtigste Lektion, die Kinder Erwachsenen geben können: Lebe jetzt, im Hier und Heute. Kinder leben in der Gegenwart, sie grübeln nicht über Vergangenes nach und planen auch nicht für die Zukunft.

„Kinder versetzen so lange Berge", singt Reinhard Mey,

„bis der Teufelskreis beginnt.
Bis sie, wie wir, erwachsene Zwerge,
endlich so klein, wie wir Großen sind.“

Spüre endlich wieder den Wind in den Haaren, sage ich zu mir selbst und lass der Seele Flügel wachsen. Nicht nur an den Gitterstäben rütteln, sondern den Gefühlspanzer aufbrechen. Und am liebsten auch den Gefühlspanzer der Mitmenschen. Das Gespräch mit einem Polizeibeamten geht mir nicht aus dem Sinn. Es heißt ja: die Polizei, dein Freund und Helfer. Und das ist wohl auch in den meisten Fällen so. Leider gibt es auch Ausnahmen, die bedauerlicherweise im Gedächtnis haften bleiben.

Die Parkplatzsituation ist in unserem Wohngebiet sehr prekär. Weit und breit ist nichts zu machen. An schlechten Tagen musste ich Nico über 500 Meter zu unserer Wohnung bringen und die meiste Zeit tragen. Deshalb beantragte ich einen Behindertenparkplatz vor der Tür. „Das ist überhaupt kein Problem“, teilte mir schon nach wenigen Tagen eine freundliche Mitarbeiterin der Kraftfahrzeugzulassungsstelle mit. „Ich gebe ihren Antrag mal an die Polizei weiter, die melden sich dann bei Ihnen.“

„Ich werde das nicht genehmigen“, meldete sich dann telefonisch das Kontrastprogramm der Polizei nach vier Wochen. „Ich habe mir die Örtlichkeiten angesehen“, fuhr der Freund und Helfer fort. „Sie haben ja ein eingeschränktes Halteverbot vor der Tür. Dort dürfen Sie mit dem Behindertenausweis parken. Dann können Sie ihren Sohn in die Wohnung tragen und sich anschließend in aller Ruhe einen Parkplatz suchen.“ Mein Einwand, dass ich nur im eingeschränkten Halteverbot stehen darf, wenn ich niemand behindere, interessierte ihn wenig. Obwohl ich, seinem Ratschlag folgend, die gesamte Straße blockieren würde. Auch die Tatsache, dass ich meinen Sohn in der Wohnung überhaupt nicht allein lassen kann, beeindruckte ihn nicht. Er wollte das Gespräch dann recht ruppig beenden. Ich bat ihn um eine schriftliche Ablehnung. „Da steht auch nichts anderes drin", kam prompt die Antwort. „Ja, ja", entgegnete ich, „aber ich würde schon ganz gern Ihren Ausführungen widersprechen.".

Der Zweizeiler mit dem Ablehnungsbescheid kam dann auch bereits nach fünf Wochen. Neben meinem Widerspruch fragte ich dann mal an übergeordneter Stelle nach, ob das sprichwörtliche Freund-und-Helfer-Angebot der Polizei am Rollstuhl eines behinderten Kindes enden würde.

Nach zwei Wochen erhielt ich einen Einzeiler dieses sympathischen Beamten:

„Ich habe die Behörde angewiesen, einen Behindertenparkplatz vor Ihrer Haustür einzurichten."

Na bitte, geht doch!

Inwendig warm, Tag 32
Nach Frankfurt

Im Märzen der Bauer den Rollstuhl einspannt

Bärbel und Nico sind wieder da und werden nun bis zum Ziel am Bodensee an meiner Seite bleiben. Das Berufsbildungswerk hat heute Tag der offenen Tür. Die Bühne ist bereits aufgebaut. Programmpunkt Nr. 2 sind wir. Nico und ich. Bärbel hält sich lieber diskret zurück. Oh je, oh je: „Verabschiedung der Wandergruppe „inwendig warm", steht auf dem Programm. Ich sehe schon, was auf mich zukommt. Mikrofon, Tunnelblick, Wortfindungsstörungen. Aber ich habe ja Melanie. Sie will uns begleiten, mit uns nach Frankfurt wandern. Ich freue mich. Plötzlich stehe ich auf der Bühne. Hallo! Melanie? Wolltest Du nicht etwas sagen? Du wolltest doch unsere Pressesprecherin sein? Nein? Also muss ich wohl wieder in das Mikrofon stammeln. Ich entspanne mich aber sehr schnell. Erstens habe ich Nico neben mir, der meine Hand hält und sich freut, wieder auf einer Bühne zu stehen. Das unterscheidet uns voneinander. Und zweitens bemerke ich, dass mir ohnehin niemand zuhört. Einige stehen am Würstchenstand und nehmen ihr Frühstück zu sich. Andere unterhalten sich angeregt und alle drehen mir ihre Rücken zu. Die Moderatorin stellt mir Fragen, deren Antwort niemand hören will. Ich überlege, ob ich die nächste Frage mit dem legendären Helmut-Schmidt-Zitat von Loriot beantworte: „spiedeli, wabbeli, bum!" Hätte sicher niemand bemerkt. Ich traue mich dann aber doch nicht.

Wir haben heute weitere Begleitung. Timi und sein Betreuer Christian wollen mitkommen. Sie kommen aus einer Frankfurter Behinderteneinrichtung. Eigentlich sollten noch ein paar Rollstuhlfahrer dabei sein. Christian hatte aber bei der Recherche festgestellt, dass der Bahnhof mit Rollstühlen nicht befahrbar ist. Die Bahn vermutet wohl, dass man mit einem Rolli über die Gleise schweben kann. Liebe Bahn AG: Mit einem Rollstuhl kann man gar nicht schweben!

Auch Christian steht nun auf der Bühne und empört sich lautstark, dass seine Mitstreiter nicht behindert sind, sondern behindert werden. Aber auch ihm hört niemand zu und so beschließen wir, uns vom Acker zu machen.

Melanie kennt den Weg. Dachte ich. Bei der Käserei vor einigen Tagen hatte ich sie gefragt. Ein großes Missverständnis. Ich dachte, dass sie dachte und deshalb dachte ich, ich muss mir keine Gedanken wegen der Wanderroute machen. Zum Glück hat sie ein Handy mit GPS-Funktion. Sie ist ganz rot und fühlt sich verantwortlich. Dabei bin ich doch schuld, weil ich aus Bequemlichkeit nicht auf die Karte geschaut habe. Melanies Handy führt uns jetzt erst einmal über Feldwege und Äcker. Schon nach kurzer Zeit bin ich am Keuchen. Die Räder des Rollis sinken tief in den weichen Boden ein. Es ist heiß und mein Schweiß läuft mir in Strömen bis in die Schuhe. Mit der Fußplatte des Rollstuhls pflüge ich den Boden auf. Ich will es mir in Begleitung dieser jungen Frau nicht anmerken lassen, dass ich wohl gleich zusammenklappen werde. Meine Verschwörungstheorie bekommt wieder neue Nahrung. Ich bin sicher, Volker und Melanie stecken unter einer Decke und führen mich absichtlich über diesen Rübenacker. Die haben sich abgesprochen. Ganz bestimmt. Mit letzter Kraft schaffe ich es bis zur Landstraße. „Im Märzen der Bauer die Rösslein einspannt …" Wer diesen Text noch im Kopf hat oder beim Lesen die Melodie mitsummt, hat möglicherweise falsche Vorstellungen beim Durchwandern eines Ackers. Bauer, Du kannst nun pflanzen. Dein Acker ist vorbereitet.

Wir haben gleich einen Empfang auf einem Pferdehof. Man kommt uns bereits mit zwei Pferden entgegen. Nico grölt vor Freude und darf auch eines der Pferde am Zügel führen. Ich

bin ein bisschen misstrauisch. Wenn der Zosse jetzt durchgeht und mit Nico in seinem Rollstuhl als Sulky über die Prärie jagt. Aber der Braune ist ganz fromm. Auf dem Hof warten bereits ein paar Gäste auf uns. Mütter haben mit ihren Kindern eine Kaffeetafel gedeckt. Bärbel ist auch bereits mit dem

Begleitfahrzeug eingetroffen und im Gespräch vertieft. Tut das gut, nach dieser Strapaze ein bisschen auszuruhen und mit viel Kuchen die verlorene Energie wieder auffüllen.

Wir haben zu viel Zeit verloren und sind spät dran. Deshalb brechen wir nach kurzer Stärkung wieder auf. Unser Etappenziel ist eine Schule in Frankfurt. Man erwartet uns bereits. Volker hat den Zeitplan mal wieder zum Nachteil meiner Füße ausgearbeitet. In einem früheren Leben ist er sicher Schlagzahlgeber auf einer römischen Sklavengaleere gewesen. Rollstühle gab es damals ja noch nicht.

„Wo bleibt Ihr denn?", geht auch bereits der erste Anruf einer ungeduldigen Lehrerin ein. Es sind nur noch ein paar Kilometer. Aber es zieht sich unendlich hin. Weil Melanies Akku sich inzwischen verabschiedet hat, verlaufen wir uns auch noch prompt. Aber endlich kommen wir in der Schule an. Zwei Lehrer stehen noch auf dem Schulhof und begrüßen uns freundlich. Es ist schon so spät, deshalb beschränken wir uns auf einen kurzen Informationsaustausch. Morgen, so verabreden wir, wollen wir gemeinsam in die Innenstadt, zum Frankfurter Römer laufen. Ich bin heilfroh, diesen Tag überstanden zu haben. Mehr als einmal hätte ich beinahe schlapp gemacht. Nun werde ich erst einmal wieder zurück zum Wohnwagen gebracht. Nach einer kleinen Katzenwäsche sind wir schnell bettklar. Nico liegt schon eingemummt unter der Bettdecke. Ihm fallen bereits die Äuglein zu und er lächelt im Schlaf. Vermutlich lässt er gerade den Tag vor seinem geistigen Auge vorüberziehen. Er hat den Tag genossen, saß er ja auch komfortabel im Fiaker.

„Noch wachen tausend Engel zärtlich über deine Nacht", singt Konstantin Wecker in einem Schlaflied für seinen Sohn.

Und ihre Flügel schützen deine Seele sacht [...]
Es drückt das ganze Sternenzelt dich liebevoll ans Herz
Für kurz verlässt du diese Welt und träumst dich himmelwärts
Und deine Seele schwingt sich jetzt zurück ins Paradies
Das sie, nur um bei uns zu sein, verließ.

Inwendig warm, Tag 33
Nach Langen

Handkäs vom Bürgermeister

Endlich. Frankfurt. Dort, am Stadtrand, sind wir gestern zwar angekommen, aber heute geht es in die Innenstadt zum Römer. Er hat eine für mich symbolische Bedeutung. Immer, wenn die Füße besonders schmerzten, die Sonne besonders heiß vom Himmel brannte, dachte ich so bei mir, wenn ich nur endlich in Frankfurt wäre. Dann, ja dann … Warum es ausgerechnet Frankfurt sein sollte, weiß ich allerdings auch nicht.

Nun ist es soweit. Wir fahren jetzt zum Startplatz, zur Schule, in der wir gestern angekommen sind. Das ist der Plan. Leider befindet sich vor der Schule eine große Baustelle, die wir weiträumig umfahren müssen. Das Navi spielt uns einen üblen Streich und führt uns schnurstracks zurück auf die Autobahn. Exakt in die Richtung, aus der wir gekommen sind. Schon wieder verspätet kommen wir in der Schule an. Wie oft habe ich mich in meinem Leben bei Lehrern entschuldigen müssen. Aber wir erhalten die Absolution des Lehrkörpers. Unser Lehrer hat noch eine Kollegin gewinnen können, die uns ebenfalls gern begleiten möchte. So zieht unser kleines Quartett nun Richtung Römer. Wir unterhalten uns angeregt, denn die beiden Profipädagogen möchten ernsthaft alles über Kinder mit Behinderungen wissen. Insbesondere interessieren sie sich für Nicos Schulbiografie.

Da gibt es nun reichlich zu berichten. Nico hatte ja eine Waldorfschule besucht. Das war für ihn und für seine besonderen Bedürfnisse, zumindest in den ersten Jahren, eine gute Wahl. Persönlich hatte ich mit den Anthroposophen immer ein bisschen Probleme. Aber Nico sollte sich in diesem Kreis wohlfühlen und das tat er auch. Die ideologische und etwas eigenartige Ausrichtung konnte ich noch ganz gut wegstecken, aber mit deren permanenter Suche nach dem geringsten Widerstand hatte ich mehr als einmal erhebliche Probleme. Nicos

Betreuung war regelmäßig nur dann sichergestellt, wenn wir einen Assistenten fanden, der sich während des Unterrichts um ihn kümmerte. Fiel dieser aus, und das war oft der Fall, wurde die Schulpflicht kurzerhand außer Kraft gesetzt und ich musste Nico wieder nach Hause holen. Das hätte ich oft gern abgelehnt, musste aber befürchten, dass Nico dadurch erhebliche Nachteile erlitten hätte. Die hätten ihn einfach irgendwo abgestellt und er hätte es mir nicht einmal berichten können. Das Vertrauensverhältnis war bilateral ziemlich gestört.

Ein Ereignis ist mir sehr nachhaltig im Gedächtnis haften geblieben. Es war kurz vor einer Klassenreise, als uns Eltern eröffnet wurde, dass die Reise ausfallen müsse. Als Grund wurde angegeben, dass einer der beiden Klassenlehrer die Schule kurzfristig verlassen habe. Das kam mir sehr suspekt vor. Ich fragte nach, bekam aber keine zufriedenstellende Antwort.

Wochen später erfuhr ich von der Klassenlehrerin, dass ihr Kollege mit sofortiger Wirkung aus dem Dienst der Schule entlassen worden war. Der Grund war eine kriminal-polizeiliche Ermittlung gegen ihn wegen Herstellung und Verbreitung von kinderpornografischen Bildern. Ich fiel gar nicht aus allen Wolken, denn etwas Ähnliches hatte ich mir bereits gedacht. Scheibchenweise kam diese Ungeheuerlichkeit nun ans Licht. Die Lehrerin hatte ihr Bestes gegeben und erreicht, dass zumindest unsere Klasse über diesen Vorfall informiert wurde. Die Schule versuchte, den Vorfall zu vertuschen und das war das eigentlich Verwerfliche. So eine Situation kann in jeder Schule vorkommen. Keine Einrichtung ist davor gefeit. Mit Rücksicht auf die Lehrerin, die aufgrund ihres Engagements vom Kollegium sogar gemobbt wurde, wollte ich den Ball einigermaßen flach halten. Aber ich hätte gern gewusst, ob es von Nico entwürdigende Aufnahmen gab, da er ja immerhin in der Schule gewickelt worden ist und in dem Zusammenhang sehr intime Handlungen über sich ergehen lassen musste.

Besonders kurios ist der Umstand, dass ich zu dem entlassenen Lehrer bis dahin einen guten Kontakt hatte, weil er sich mir als Hobbyfotograf anvertraute und von mir zahlreiche Ratschläge über Bildaufbau, Nachbereitung und ähnliches erhielt. Sogar entsprechende Literatur stellte ich ihm zur Verfügung und gab ihm Tipps, wie er seine Bilder vermarkten könnte. Von Naturaufnahmen, wie er mir seine Ambitionen schilderte, hatte ich allerdings andere Vorstellungen.

Weil wir auch von der Polizei keinerlei Informationen erhielten, beschloss ich, mit Nico beim Landeskriminalamt vorzusprechen. Ein etwas mühsames Unterfangen, man gelangt bestenfalls in das Foyer der heiligen Hallen. Wir warteten also dort auf den ermittelnden Beamten.

„Ich darf Ihnen leider keine Auskunft geben", teilte er mir mit.

„Wie bitte?", entgegnete ich und fuhr gerade meinen Blutdruck hoch.

„Ich wüsste doch gern, ob mein Sohn im Pornoarchiv seines Lehrers einen exponierten Platz einnimmt."

„Es tut mir sehr leid", bemühte sich der Beamte nun um einen etwas verständnisvolleren Ton. „Es geht um Datenschutz, wir dürfen keine Angaben zu diesem Fall machen."

„Warum, um Himmelswillen", fragte ich, „hat es eigentlich über sechs Wochen gedauert, bis Sie herausgefunden haben, dass Herr B. ein Lehrer ist? Sie haben doch eine Hausdurchsuchung gemacht und hätten die Kontoauszüge sicherstellen können. Bei Kinderpornografie müsste es doch aus ermittlungstaktischen Gründen wichtig sein, wer von wem Geld bekommt. Dann sieht man doch auch, wer der Arbeitgeber ist."

„Dürfen wir nicht", sagte er. „Datenschutz!"

Ach, dachte ich. Mein Fallmanager beim Arbeitsamt, der darf meine Kontoauszüge einsehen. Und braucht auch gar keinen Richter dafür. Meine Auszüge darf er einsehen und die der anderen Hartz IV-Bezieher. Vor dem Gesetz sind wohl doch nicht alle gleich, wie immer behauptet wird.

„Ich kann Ihnen so viel sagen", beschwichtigt er, „Ihr Sohn ist nicht dabei. Wir sind auch sehr unglücklich über diese

Bestimmungen, fühlen uns überhaupt nicht wohl dabei. Wir wissen nur zu genau, dass solche Leute in der Regel mit einer Bewährungsstrafe davonkommen und dann in einem anderen Bundesland wieder als Erzieher arbeiten. Aber was sollen wir machen? Uns sind die Hände gebunden!" Mit einer Kopfbewegung deutete er an eine Tür: Presseabteilung.

„Ich wüsste, was ich machen würde, wäre ich Sie."

„Wann wäre denn die Verhandlung?", wollte ich abschließend noch wissen. Ach ja – Datenschutz. Vergaß ich! Deshalb wandte ich mich an die Staatsanwaltschaft. Schilderte die Situation und bat um Information über den Zeitpunkt der Gerichtsverhandlung.

„Nö", kam zurück. „Datenschutz! Hängt im Gerichtsgebäude. Kann jedermann einsehen." Allerdings nur, wenn man am zufällig richtigen Tag im zufällig richtigen Gerichtsgebäude auf die zufällig richtige Verhandlungsrolle sieht.

So folgte ich der Empfehlung des Kriminalbeamten und schilderte der Hamburger Morgenpost diesen Vorgang. Leider habe ich nie wieder davon gehört.

Inzwischen erfuhr ich von der Lehrerin, dass Herr B. wieder als Lehrer tätig ist. Allerdings nicht mehr in Deutschland, sondern in Österreich. Ein Hinweis von Nicos Lehrerin an die österreichischen Kollegen stieß von Seiten ihrer Schule auf wenig Sympathie. Bei dieser Schilderung ernte ich nur fassungsloses Kopfschütteln meiner Begleiter.

Frankfurt ist gerammelt voll von kleinen Kundgebungen und politischen Versammlungen. Mit dem Glockenschlag erreichen wir den Römer. Nico haut auf die Hupe, die ich ihm in Hamburg in einem Fahrradladen für solche Zwecke gekauft hatte, und macht ordentlich Lärm. Nun weiß jeder, dass wir hier sind. Melanie erwartet uns bereits. Endlich lerne ich auch Felix, den Chef von Gooding, kennen. Er hat ein Filmteam mitgebracht, um unsere Ankunft festzuhalten.

Wir werden mit einer wunderschönen Darbietung begrüßt: Eine brasilianische Performance, getanzt und getrommelt.

Die Frankfurter Rundschau ist da und möchte ein Interview haben. Während ich Rede und Antwort stehe, versucht der kriminelle Rollstuhlfahrer, der hübschen Tänzerin ihren Federschmuck vom Kopf zu reißen. Ich kriege Puls, verliere die Übersicht und befinde mich im Überforderungsmodus.

„Können wir uns irgendwo in Ruhe unterhalten?", fragt mich die Journalistin von der Rundschau. Hilfe, was ist denn Ruhe? Ich rette noch schnell die wichtigsten Statements über das Wieso, Warum und Weshalb in ihren Stenoblock hinüber. Inzwischen habe ich die Erfahrung gemacht, dass die Journalisten meine Anmerkungen und die Motivation unserer Aktion sehr sensibel und passgenau rüberbringen. Oft habe ich bei mir gedacht, es sei ja eine Katastrophe, mich in dieser Hektik zu äußern und mich als Unruhestifter zu outen. Dann lese ich am nächsten Tag in der Zeitung einen ganz besonders einfühlsamen Artikel. „Jeder Meter ein Erfolg", titelt eine Regionalzeitung. Oder „Gegen Barrieren im Kopf" in einer Zeitung aus Schwalm-Eder. Dann beruhige ich mich wieder und denke, es hat sich doch gelohnt.

Endlich ist wieder Ruhe eingekehrt, wir überqueren den Main. Gar nicht so einfach. Es gibt nämlich auch noch ein Straßenfest und der Fahrstuhl, der zur Brücke hoch führt, ist dementsprechend stark frequentiert. Das Brückengeländer ist übersät mit Liebesschlössern. Eine schöne Idee von Liebenden. Und alles, was aus Liebe geschieht, kann ja nicht verkehrt sein. Irgendwie kommen wir trotz des überfüllten Fahrstuhls an das andere Ufer. Wir sind auf dem Weg nach Langen. Dort wartet bereits der Bürgermeister auf uns. In der Stadthalle werden wir zu einem leckeren Abendessen eingeladen. Der Bürgermeister kommt aus dem Bereich Arbeiterwohlfahrt. Eigentlich brauche ich ihm über unser Anliegen nichts zu berichten. Der kennt die Situation Pflege und Behinderung, alt sein und alle die hässlichen Facetten, die dazugehören. Wir lassen es uns schmecken. Ich habe Nico einen leckeren Braten ausgesucht. Den mag er. Das weiß ich. Irrtum. Er hat den eingelegten Handkäs entdeckt, der ihn vom Teller des Bürgermeisters anlacht. Speisen auf dem Teller des Nachbarn sind grundsätzlich leckerer als die, auf dem eigenen Geschirr. Herr Bürgermeister macht einen grandiosen, taktischen Fehler und lässt Nico an seiner Auswahl der Menüfolge teilhaben. Den Käs ist er los! Als Ausgleich erhält er dafür Nicos Braten und trägt den Verlust mit Humor.

Für den nächsten Morgen werden wir zum Marathon eingeladen. Nein, wir sollen nicht mitlaufen. Wir haben die große Ehre und dürfen den Startschuss abgeben.

Inwendig warm, Tag 34
Nach Riedstadt

Kollateralschäden

Gestern haben wir den Wohnwagen auf einen Campingplatz bei Heidelberg gezogen. Ein wunderschöner Platz, direkt am Ufer des Neckars, was unsere Seefahrerherzen ganz besonders erfreut. Es war anstrengend, denn es hat geschüttet wie aus Eimern. Die Scheibenwischer haben es kaum geschafft. Kurz vor Heidelberg riss der Himmel dann endlich auf. Vor dieser Wohnwagenverlegeaktion waren wir ja noch in Langen, zum Marathon. Bei leichtem Nieselregen überquerten wir den Sportplatz, um zum Startplatz zu gelangen. Nico verfolgte das Treiben der Leichtathleten mit seiner ihm eigenen Fröhlichkeit. Kurz vor dem Start öffnete der Himmel seine Schleusen. Aber wir standen gut behütet unter einem Schirmdach. Die Läufer taten mir ein bisschen leid. Vom Bürgermeister bekam ich die Startpistole in die Hand gedrückt. Auf sein Zeichen hin sollten wir das Rennen eröffnen. Ich kniete mich neben Nico, wir beide hielten die Wumme und ich bekam schon wieder ein Mikrofon an den Mund: Aber diese Ansprache war einfach und gelang mir ohne Tunnelblick:

„Auf die Plätze, feeertig – Peng!“

Die Läufer spurteten los. Nico gefiel das und er schüttelte sich in seinem Sitz vor Freude. Am liebsten hätte er noch ein paar Mal hinterher geschossen. Wir zogen wieder von dannen. 20 Kilometer sind wir extra wegen eines kleinen Knalls hierher gefahren. Eigentlich müssten wir nun wieder 20 Kilometer zurückfahren, um den Wohnwagen zu holen. So ein Glück. Aufgrund der Berichterstattung hatte sich ein freundlicher Mensch gemeldet und angeboten, den Wohnwagen hierher nach Langen zu ziehen. Nun brauchten wir nur noch zu warten, bis unser Eigenheim ankam. Und schon ging es weiter nach Heidelberg.

Der Sonntagabend entschädigt uns wegen des Schietwetters. Es ist wieder trocken und wir sitzen am Wasser und schauen auf den Fluss. Nico, der alte Fahrensmann, winkt allen seinen Kollegen auf den Binnenschiffen hinterher. Er guckt aufgeregt nach links und rechts durch die Büsche, ob da schon das nächste Schiff ankommt. In ein paar Tagen wird er 19 Jahre alt. Wie ein kleines Kind sitzt er dort in seinem Rollstuhl und hält Ausschau. Aber wie ein fröhliches kleines Kind. Mein kleiner Kamerad, wenn Du wüsstest, wie mir deine Hilflosigkeit manchmal das Herz bricht.

Am nächsten Tag sind wir wieder am Start. Wir wollen nach Riedstadt. Vorher müssen wir aber noch ein kleines Problem lösen: das vordere Nummernschild ist abgefallen. Einfach so. Zum Glück sah ich es im Gras liegen. Der Bürgermeister von Egelsbach empfängt uns mit einer kleinen Delegation vor dem Rathaus. Er weiß sofort eine Lösung für das Problem. Um die Ecke ist ein Autozubehörladen. Wir werden dorthin gelotst und bekommen sogar noch die Halterung für das Nummernschild gesponsert.

Endlich geht die Wanderung los. Wir sind im Zeitrückstand, haben aber den Wind im Rücken. Allerdings auch eine Baustelle vor uns, die uns zwei Kilometer Umweg beschert. Trotzdem kommen wir planmäßig in Darmstadt an. Dort empfängt uns Wolfgang Scharf, der Vorsitzende von zahlreichen Behindertensport- und sonstigen Verbänden. Er kommt uns mit der Straßenbahn entgegen, um ein paar Kilometer gemeinsam mit uns zu wandern. Wir verstehen uns auf Anhieb und tauschen zahlreiche Erfahrungen über das Thema Behinderung und Pflege aus. Er staunt ein bisschen über unser Tempo, hält aber gut durch. Wolfgang wird später einmal der Organisator unseres Lichtermeeres in Darmstadt sein. Auf dem Marktplatz vor dem Rathaus werden wir von der sympathischen Redakteurin der Darmstädter Nachrichten in Empfang genommen. Die Ratsherren haben keine Lust, sich hinauszubegeben. Ein paar Fotos vor dem großen Brunnen, dann begleitet sie uns, damit ich sie zutexten kann.

Ein paar Kilometer später sind wir wieder alleine. Die Redakteurin macht sich auf den Weg in die Redaktion und

Wolfgang springt wieder in die Straßenbahn. Ich rufe meine Zielperson in Riedstadt an. Volker hatte irgendwas von Kaffeetrinken in den Wanderplan geschrieben. Meine Zielperson sagt mir, dass sie das Treffen so gar nicht auf dem Zettel hat. Wenn überhaupt, dann vielleicht in einer Stunde. Ich bin ein bisschen maulig. Nö, dann eben nicht. Dann trinke ich meinen Kaffee lieber alleine. So fällt wenigstens noch ein Eis für Don Krawallo ab. Verdient hat er es eigentlich nicht. Er provoziert mich neuerdings regelmäßig. Wenn ich Tagebuch schreiben möchte, zieht er im Bett an der Gardine. Er ist nicht davon abzubringen, lacht sich schlapp, wenn ich weißglühend vor seinem Bett das Rumpelstilzchen mache. Dann guckt er mich einfach keck an und lacht. Es ist so ein fieses Lachen unter dem Deckmantel der Pubertät. Zack. Die Gardine ist ab. Selbstverständlich komplett mit Stange. Beschert mir mindestens eine Stunde zusätzliche Arbeit. Unsere partnerschaftliche Krisenlage erreicht ihren Höhepunkt. Ich sitze hilf- und ratlos davor. Gestern hat er mir das Gummi von der Beifahrertür abgezogen. Herzhaft, vor allem triumphierend lachend. Auch ein Exorzismus würde jetzt nicht den gewünschten Erfolg versprechen. Außerdem habe ich kein Weihwasser dabei. Ich googel unter den Stichworten: Heidelberg, Kinderknast. So kann man nicht arbeiten. Endlich gibt er Ruhe. Euphorie ist eben keine endlose Ressource.

Inwendig warm, Tag 35
Nach Bensheim
Sonnenkinder

Heute wartet eine ganz besondere Begegnung auf uns. Volker hat uns ein Date mit den Sonnenkindern in Zwingenberg-Rodau vermittelt. Eine Elterninitiative hat dort einen Ort geschaffen, an dem behinderte und nicht behinderte Kinder sich treffen, miteinander spielen und sich um Tiere kümmern können. Ein Ort der Inklusion und der Begegnung. Wir machen uns zeitig auf die Socken, denn der Weg dorthin ist noch weit. Nico ist heute ein wirklich netter Kollege, ärgert mich nicht, greift nicht ins Lenkrad und genießt entspannt den warmen Wind, der ihm um die Nase weht. Denn ich muss ein ordentliches Tempo vorhalten, um rechtzeitig am Treffpunkt zu sein. Ab und zu breitet er seine Arme mit einem Jubelschrei aus, so, als wolle er die ganze Welt umarmen. Wir kommen durch ein kleines Dorf an dessen Straßenrand sich der Müll türmt. Hier ist heute wohl Sperrmülltag. Ein altes grünes Sofa lädt zur Rast ein. Leider reicht die Zeit nicht zum Verschnaufen. Aber eine Geschichte fällt mir dazu ein. Wieder erscheinen Bilder der Vergangenheit vor meinem geistigen Auge:

Meine Mutter hatte auch einmal so eine grüne Couch besessen. In ihren letzten Jahren verbrachte sie die meiste Zeit des Tages darauf, guckte Fernsehen und schlief dann auch auf dem guten Stück ein. Sie war dement geworden und in ihrer liebenswürdigen Eigenwilligkeit übernahm letztere die Dominanz. Auch körperlich ging es ihr ziemlich schlecht. So war sie – ich sag mal – etwas porös geworden, was sich außerordentlich ungünstig auf den Zustand ihres Sitz- und Liegemobiliars auswirkte. Eine Inkontinenzversorgung mit Windeln brachte aus Gründen fehlender Kooperation auch nicht den gewünschten Erfolg. Jahrelange Flüssigkeitszufuhr macht nun mal der besten Couch den Garaus. Einen Burschen, wie meinen Sohn, nennt man in Hamburg einen „Pieschbüddel“. Ich hatte gleich zwei davon. Nachdem ich Pieschbüddel Nr. 1 in die Schule gebracht hatte, kümmerte ich mich um Pieschbüddel Nr. 2. Es war anstrengend. Und auch nicht sonderlich angenehm. Ohne Hilfe aus der Familie wäre ich grandios gescheitert.

Inzwischen hatte ich auch den sozialpsychiatrischen Dienst um Unterstützung gebeten. Die Sachbearbeiterin kam dann auch bereits nach sechs Wochen, um sich ein Bild von der Situation zu machen. Mit einem Gutachten wurde das Sozialamt über die Hilfebedürftigkeit informiert. Nach zähem Ringen bekam ich sogar einen Satz zusätzlicher Bettwäsche bewilligt. Nicht, ohne mich ausführlich auf die Gnade dieser Einzelfallentscheidung hinzuweisen.

Ein paar Jahre zuvor wurden zwei Sozialarbeiter zu einer Haftstrafe auf Bewährung, bzw. zu einer Geldstrafe wegen fahrlässiger und vorsätzlicher Körperverletzung sowie unterlassener Hilfeleistung verurteilt. Sie wussten von dem erbärmlichen Leben eines älteren Herrn und mussten für seinen noch erbärmlicheren Tod geradestehen. Es folgten dann die obligatorischen Bekundungen der zuständigen Behörden, künftig alles besser machen zu wollen. Derartige Versprechen sind erfahrungsgemäß jedoch nur rhetorischer Natur. So waren die behördlichen Bemühungen, meiner Mutter eine würdige letzte Phase ihres Lebens zu ermöglichen, weitgehend unsichtbar geblieben. Dennoch sollte nicht verschwiegen werden, dass sie von der Sozialbehörde einen Gutschein für ein gebrauchtes Sofa erhielt. Es gab damals noch eine Einrichtung, die sich Hamburger Arbeit nannte. Dort wurden gebrauchte Möbelstücke aufgearbeitet und an Bedürftige abgegeben. Ich habe nach langem Suchen dann auch ein geeignetes Stück gefunden. Das war nicht einfach, denn meine Mutter weigerte sich beharrlich, in einem Bett zu schlafen. So musste die Couch als Schlafgelegenheit einige wichtige Kriterien erfüllen.

Leider gehörte zu dem guten Stück auch ein Sessel. Der stand bedauerlicherweise nicht auf dem Gutschein. Und ohne Sessel gab es keine Couch. „Gut“, sagte ich, „dann bezahle ich den Sessel extra." 20 Euro sollte das Sitzmöbel kosten. Ein Preis, der auch für mich erschwinglich war. Diese Option war im Regelwerk aber leider nicht vorgesehen und deshalb nicht möglich. Beides oder gar nicht.

„Rufen Sie doch bitte die Sachbearbeiterin an", bat ich blauäugig, naiv und noch immer nicht, sich den absurden, inhumanen Gedankengängen von Verwaltungsangestellten bewusst zu sein.

„Ich denke nicht, dass es ein Problem sein wird, den Gutschein zu erweitern", sagte ich. Zumal sich der vorhandene Sessel meiner Mutter in einem ähnlich desolaten Zustand, wie ihr Sofa, befand. Was selbstverständlich auch dem sozialpsychiatrischen Dienst nicht verborgen geblieben war. Die freundliche Mitarbeiterin der Hamburger Arbeit griff dann auch sofort zum Telefon. Ich sah ihr dabei zu, wie ihr Gesicht lang und länger wurde. Nach wenigen Sekunden legte sie entgeistert auf.

„Die hat mir doch glatt gesagt, wir sind doch nicht beim Wunschkonzert", entfuhr es sie empört.

Weshalb ich meiner Mutter nicht aus eigenen Mitteln eine neue Couch finanziert habe, kann ich heute, bei einer entspannten Rückschau, nicht beantworten. Mit etwas Engagement hätte ich sicher, trotz eigenem Leistungsbezug, das Geld irgendwie zusammen bekommen. Aber wenn man ständig unter Strom steht, fällt einem manchmal die pragmatischste Lösung nicht ein. Endlich hatte ich sie: Die Couch zum Schlafen, sitzen und ohne Sessel. Blöderweise war jetzt aber das Gültigkeitsdatum des Gutscheins wenige Tage zuvor abgelaufen.

„Ich lasse ihn verlängern, bitte geben Sie die Couch nicht anderweitig weg", bat ich.

„Das dürfen wir nicht", hörte ich zu meinem Entsetzen.

„Okay, ich bin in einer Stunde wieder da", eilte ich zum Sozialamt.

Es war Freitag und keine Sprechzeit. Aber alle Türen waren geöffnet.

„Guten Tag, ich habe ein Problem", trat ich ein.

„Wir haben nicht geöffnet!“, schallte es mir grußlos entgegen.

„Ich weiß, aber ich habe ....“

„Kommen Sie am Montag wieder!“

„Es ist dringend, meine Mutter ...“

„Verlassen Sie das Haus. Sofort! Oder ich rufe den Sicherheitsdienst!“

Okay, schon gut! So einen Sicherheitsdienst wünsche ich mir auch, der alle Bedürftigen dieser Republik vor solchen Mitarbeitern bewahrt. Wutschnaubend verließ ich das Büro. Knallte nicht einmal mit der Tür. Denn die stand ja offen. Mir ist völlig unklar, weshalb ich am darauffolgenden Montag beim Betreten „Guten Tag“ wünschte. Ein Reflex aus Zeiten ordentlicher Erziehung. Eine Antwort erhielt ich jedenfalls wieder nicht. Ich legte den abgelaufenen Gutschein vor und erklärte kurz den Sachverhalt. Meine Freundin vom Sozialamt öffnete wortlos ihr Stempelkissen, ich hörte zwei kurze Klacks, einen Klack auf das Stempelkissen und einen Klack auf den Gutschein, einen Kaiser Wilhelm und erhielt das somit verlängerte Dokument zurück. Beim Rausgehen verbat ich es mir, ihr einen schönen Tag zu wünschen. Die Couch war noch da und konnte ein paar Tage später ausgeliefert werden.

Nico umarmt schon wieder die Welt und reißt mich aus meinen Gedanken. Mit dem rechten Fuß auf dem Vorderrad bremst er meinen Schwung. Ich werde immer langsamer, es fühlt sich an, als wenn ich bergauf schiebe. Nur durch sein hämisches Kichern komme ich ihm auf die Schliche. Endlich erreichen wir dann den Ort Zwingenberg-Rodau und finden nach langem Suchen unsere Gastgeber von der Begegnungsstätte für Kinder mit und ohne Handicap, die „Sonnenkinder“. Zahlreiche Mütter mit ihren Kindern nehmen uns in Empfang. Ich bin ziemlich beeindruckt von dieser Elterninitiative. Am Anfang stand die Vision eines Ortes, an dem behinderte und nicht behinderte Kinder sich treffen, miteinander spielen und sich um Tiere kümmern können – ein Ort der Inklusion und Begegnung. Dieser idyllisch gelegene Begegnungshof ist mit einem enormen Maß an Eigenleistung und ehrenamtlichen Engagement entstanden. Das 250 Quadratmeter große Gebäude beherbergt eine behindertengerechte Küche, einen Snoezelenraum, sowie Büroräume und behindertengerechte Sanitäranlagen. Besonders der rollstuhlfreundliche Kinderspielplatz hat es Nico und mir angetan. So einen schönen Platz werden wir auch auf Nicos Farm haben. Nach reichlich Kaffee und Kuchen begleiten uns unsere Gastgeber nach Bensheim. Eine Horde Kinder tanzt um uns herum und auf den ersten paar hundert Metern haben wir sogar zwei Esel im Gefolge. Nico ist mal wieder happy. In Bensheim wartet bereits der Bürgermeister in der Bibliothek auf uns. Auch hier gibt's wieder einen herzlich-freundlichen Empfang. Große bemalte Willkommensplakate künden bereits unser Eintreffen an. Und in der Bibliothek erhalten wir ein kleines Begrüßungskonzert mit Klarinette und Violine. Während ich etwas über den Ort erfahre, tobt der Bürgermeister mit Nico durch die Räume und wirft ihm Luftballone zu. Wieder einmal bin ich ge- und berührt von so viel Herzlichkeit, die wir an anderen Stellen so schmerzhaft vermissen.

Inwendig warm, Tag 36
Nach Wiesloch

Weinköniginnen

Die Nacht war anstrengend. Immer wieder zog mein Nachbar meinen Arm zu sich und hielt ihn fest umklammert. Ausgerechnet der linke Arm, der an der kaputten Schulter hängt. Die ist ein bisschen verkalkt und schmerzt heftig. Ich weiß nicht, was in Nico vorgeht. Einen verängstigten Eindruck macht er nicht. Ich bin ja auch bei ihm. Vielleicht ist es nur die Sehnsucht nach Geborgenheit, die ja auch nicht unerfüllt bleibt.

„Ich führ dich durch die Nacht, Kleiner", flüstere ich ihm zu. Er kuschelt sich an mich, in dieser Dunkelheit, die wie ein lichtloser Tunnel ist.

Ich würde etwas drum geben, zu wissen, was er nachts träumt. Kann er in seinen Träumen sprechen oder unterhält er sich auf koboldisch? Träumt er von klassischer Musik bei Beethovens Wutausbrüchen? Oder macht er sich Gedanken über Einsteins Relativitätstheorie?

Am Morgen ist alles vergessen. Nico hat einen Clown gefrühstückt. Kissen segeln durch die Luft und landen auf einem – glücklicherweise – leeren Kaffeebecher. Alles, was sich in seinem Aktionsradius befindet, fliegt hier durch die Lüfte. Es wird Zeit, dass wir auf die Piste kommen.

Klaus Knorr, vom Odenwald-Wanderclub, hat sich bereit erklärt, uns heute durch Heidelberg zu führen. Für solche Lotsendienste bin ich immer sehr dankbar. Zu oft habe ich mich in den Städten verlaufen. Irgendwie ist es mir nicht gelungen, Stadtpläne für sämtliche Orte zusammen zu stellen. Ich hatte auch immer ein bisschen Hoffnung, dass uns irgendjemand schon aus der Patsche helfen würde. Heute ist es eben Herr Knorr. Rüdiger Ofenloch, vom Mannheimer Morgen, hat sich uns ebenfalls angeschlossen.

Wir laufen bergauf, bergab, überqueren den großen Waldfriedhof. Warum, entfährt es mich, sind eigentlich alle Friedhöfe mit einer hohen Mauer oder einem Eisenzaun versehen? Vielleicht aus Sorge, die Bewohner könnten abhauen? Ich berichte Herrn Ofenloch keuchend unsere Geschichten. Er ist besonders von Nicos Fröhlichkeit angetan, läuft immer wieder vor, um mit seiner Kamera festzuhalten, wie Nico auf einer belebten Geschäftsstraße den Passanten mit ausgebreiteten Armen zujubelt.

„Wie kommen Sie mit so einer Lebenssituation klar?", will er wissen.

„Sie sehen ja", antworte ich. „Mit dieser Lebenslust", und zeige auf den Burschen, der vor mir im Rollstuhl kichert, „bewältigt man alle Strapazen im Leben."

Und so steht es denn am nächsten Tag im Artikel:

„Nico und Arnold lachen viel. Wenn Nico seinen Papa ärgern will, – und das ist sein größtes Hobby – dann greift er in den Lenker seines Rollstuhls und ändert kurzerhand den Kurs. Dann prustet Nico vor Freude und streckt seinem Vater wie zur Versöhnung die Hand hin."

Wir verabschieden uns nach dem netten Gespräch. Auch Herr Knorr muss wieder umkehren. Vorher übergibt er uns aber noch an eine andere Wandergruppe. Bärbel und Günther Zobl, ebenfalls vom Odenwaldklub, nehmen uns mit nach Wiesloch. Auf dem Weg dorthin sind es noch einige Kilometer. Die Beiden erweisen sich als besonders sensible Gesprächspartner. Auch, wenn sie es mir nicht sagt, spüre ich, dass Bärbel in ihrer Biografie die Probleme mit Pflege oder Behinderung nicht unbekannt sind. In Wiesloch erwartet uns ein Winzerfest, zu dem wir eingeladen sind. Der Bürgermeister, Franz Schaidhammer, begrüßt uns mit warmherzigen Worten. Es ist ein kleiner Jahrmarkt mit vielen Buden und Karussells. Nico ist in seinem Element. Er darf hier alles für umsonst. Ganz besonders gefällt es ihm, mit dem Bürgermeister Riesenrad zu fahren. Was für eine Ehre.

Und dann gibt es doch noch eine Steigerung, als wir von den kurpfälzischen Wein-Hoheiten Sofia I., Katrin und Conny begrüßt werden. Nico beeilt sich, aus dem Rollstuhl zu klettern, um auf der Bank neben dem kurpfälzischen Adel Brause zu saufen und Bratwurst zu essen. Eingerahmt von diesen Schönheiten flirtet dieser Schwerenöter, was das Zeug hält.

Heute müssen wir nicht mehr zum Wohnwagen zurück, denn wir sind im ersten Hotel des Ortes zum Übernachten eingeladen. Was für ein Luxus! Was für ein Empfang!

Am Ende unseres Abenteuers wird uns noch ein Schreiben vom Bürgermeister über unseren Besuch in Wiesloch erreichen:

„Mich hat es sehr gefreut, dass Ihr auf dieser besonderen Wanderung auch in Wiesloch Station gemacht habt. Ich erinnere mich sehr gerne an den tollen Nachmittag auf unserem Kurpfälzischen Winzerfest und an die Freude und Begeisterung aller, die Euch ein Stück des Weges begleitet oder Euch ganz einfach nur getroffen haben."

Mit Tränen in den Augen verabschiedet sich auch Bärbel Zobl, deren Herzlichkeit wir auf dieser Etappe sehr genossen haben.

Mehr geht nicht.

Inwendig warm, Tag 37
Nach Bruchsal

Führe mich nicht in Versuchung

Heute Nacht haben wir geschlafen wie in Abrahams Schoß. In weichen Betten und Kissen. Nach dem Frühstück wollen wir an einer Führung im integrativen Kindergarten Morgentau teilnehmen. Die Bürgermeisterin, Ursula Hänsch, hat dieses Treffen organisiert. Bevor ich uns nun fertig mache, stelle ich schnell noch die Kaffeemaschine an, damit ich auf Betriebstemperatur komme. Gerade will ich meinen Kompagnon waschen, da höre ich seltsame Geräusche aus dem Nebenraum. Ich blicke um die Ecke und mich trifft der Schlag. Die Kaffeemaschine stoppt den Wasserfluss nicht und hat bereits das Sideboard mit kaffeebrauner Flüssigkeit überschwemmt. Das verflixte Ding lässt sich nicht ausschalten. Bärbel befindet sich bereits im Panikmodus und sucht nach Tüchern um den Wasserschaden zu reduzieren. Ich beherrsche die Situation und ziehe den Stecker. Uff! Grad noch gutgegangen.

Kurze Zeit später sitzen wir am Frühstückstisch. Ich schlage gerade das Ei auf, da höre ich schon wieder komische Geräusche. Mein Nachbar stöhnt, beugt sich leicht nach vorn und kneift Augen und Lippen zusammen. Das hatten wir ja lange nicht mehr. Verdauung ist beendet. Nun ist Gefahr im Verzug. Kind schnappen, rein in den Fahrstuhl und in Alarmfahrt nach oben aufs Zimmer. Nach 20 Minuten ist die Bescherung bereinigt. Jetzt haben wir aber keine Zeit mehr für das Frühstück. Wir werden ja bereits in der Kita erwartet. Nico steuert sofort auf die Sandkiste zu. Perfekt, so habe ich ein bisschen Ruhe und kann die Einrichtung ungestört besichtigen. Die Erzieherin, die in der Sandkiste die Oberaufsicht wahrnimmt, versichert mir auch, dass sie die Situation voll im Griff hat. Ich traue diesem Burschen nicht so recht, wenn dort kleine süße Mädchen mit langen Haaren sitzen. Lange Haare haben es ihm nun mal angetan. Damit kann man sich durch ziehen an den Zöpfen wunderbar in den Mittelpunkt der Gesellschaft begeben. Ich bin auch so ein Haarfetischist. Aber ich kann mich schließlich zusammenreißen.

Die Kita macht einen gepflegten Eindruck. Gerade neu gebaut, ist alles wohl durchdacht. Man spürt, dass den Betreuern das Kinderwohl sehr am Herzen liegt. Inzwischen trifft mein Klappskalli mit der Erzieherin ein und wir werden in einem Gruppenraum von vielen kleinen Kindern herzlich begrüßt. Ein Lachen und Winken aus allen Ecken. Nico winkt freudig zurück. Ein kleines Lied zum Abschied, uns geht das Herz auf. Nun müssen wir aber los. Die Kinder bringen uns noch einen Weg hinunter und dann heißt es wieder Ade sagen. Eines der Mädchen wirft Nico noch einen Handkuss hinterher. Ich bin immer wieder und aufs Neue beeindruckt, mit welcher Unvoreingenommenheit und Offenheit Kinder mit behinderten Menschen umgehen. Wenn die anfängliche Skepsis verflogen ist, wenn die Fragen „was hat er, wird er mal sprechen lernen …", beantwortet sind, ist der Raum für Solidarität und Mitgefühl geebnet. „Kinder an die Macht!", singt Grönemeyer wohl wissend.

Auch heute haben wir wieder nette Begleitung. Christa und Jürgen wollen ein Stück mitkommen. Es ist mal wieder unerträglich heiß. Christa hat sogar einen Sonnenschirm mitgenommen. Zum Glück müssen wir nicht an der Straße entlanglaufen. Jürgen kennt einen Weg, der parallel zur Landstraße führt. Es ist zwar staubig, aber wir müssen nicht auf den Autoverkehr achtgeben. Nach ein paar Stunden führt uns der Weg bei einem Winzer vorbei. Heute geschlossen, steht auf einem großen Schild. Es ist ein glücklicher Umstand, dass Jürgen ihn kennt. So werden wir doch bewirtet. Ein Gläschen Wein – oh, das tut gut! Und einen Happen zu essen gibt es auch noch. Leider müssen wir schon wieder weiter. Der Weg ist noch lang.

Nach weiteren sechs Kilometern erreichen wir einen kleinen Ort. Ich hatte den beiden von Nicos leidenschaftlichem Eiskonsum erzählt und so bestehen sie darauf, einen Abstecher zum Marktplatz zu machen. Ich protestiere, denn es ist ein Umweg und ich bin jetzt schon platt. Außerdem haben wir noch ein gutes Stück vor uns. Unser Zeitplan ist auch bereits überschritten. Es hilft nichts, ich werde überstimmt. Nachdem Nico das Schlüsselwort Eis aufgeschnappt hat, war mein Veto ohnehin aussichtslos.

Wie wir so am Schlemmen sind, kommt Christa plötzlich die Idee: „Fahrt doch mit dem Zug weiter!“

Ich lehne empört ab. Christa und Jürgen wollen sich gleich verabschieden, denn der Marsch ist auch an ihnen nicht spurlos vorbei gegangen.

„Wir verraten auch nichts“, lässt Christa nicht locker.

„Auf keinen Fall!“, entgegne ich energisch. Wenn das rauskäme, wäre die ganze Aktion unglaubwürdig.

„Ist doch nicht schlimm“, startet Christa einen letzten Versuch.

Nein, nein! Wir verabschieden uns herzlich, Nico und ich ziehen gestärkt weiter. Wieder auf der Landstraße angekommen, ruft schon der Bürgermeister von Bruchsal an: „Wo seid Ihr denn jetzt“, fragt er an.

„Ich komme Euch entgegen und erwarte Euch am Ortseingang“.

Siehste, denke ich. Wäre ich mit dem Zug gefahren, käme ich aus der Stadtmitte und der ganze Schwindel wäre aufgeflogen.

Endlich erreichen wir das Hinweisschild: Bruchsal 2 Kilometer. Ich dachte schon, der Weg hört nie mehr auf. Lange war ich nicht mehr so erschöpft. Von weitem sehe ich schon Michael, der uns in seinem E-Rollstuhl entgegenkommt. Er hatte von uns gehört und wollte uns auch gern begrüßen. Michael ist in der Behindertenszene in der Region sehr aktiv und lässt nicht locker, für seine berechtigten Forderungen einzutreten. Kurze Zeit später treffen wir dann den Bürgermeister. Er hat eine tolle Idee: Es gibt auf dem Marktplatz eine kleine Eisdiele.

Bärbel wartet bereits dort auf uns und ist im Gespräch mit der Karlsruher Sozialdezernentin Frau Stallbommer vertieft. Die Gute hat mir einen Empfang im Martinshaus in Berghausen vorbereitet. Bis dorthin sind es 19 Kilometer. Das packe ich nicht mehr. Ich bin am Limit. Wir würden erst gegen Mitternacht dort eintreffen. Nico ist auch fertig. Aber diese Einladung können wir nicht ausschlagen. Frau Stallbommer fährt mich in ihrem Auto nach Berghausen. Nico lasse ich bei Bärbel, denn die Strapaze wäre für uns beide nicht mehr zu bewältigen. Der Empfang ist herzlich. Eine riesen Gartenparty ist uns zu ehren schon in vollem Gange. Ein paar Politiker und Politikerinnen aus der Region sind bereits eingetroffen. Leckeres Essen, Getränke, Smalltalk – das wollte ich doch. Und so halte ich tapfer durch, den Schlussakkord dieses Tages zu überstehen. Ich erfahre von Stefan Murr, dem Leiter des Martinshauses, viel Wissenswertes über diese Einrichtung. Hier leben Menschen mit unterschiedlichen Behinderungen in Wohngruppen. Die Einzel- und Doppelzimmer sind teilweise mit eigenen Möbeln und vertrauten Dingen individuell gestaltet. Die Betreuer sind überaus engagiert. Die Bewohner, die mit uns gemeinsam an dieser Party teilnehmen, haben hier ein liebenswürdiges Zuhause und scheinen sich sichtlich wohl zu fühlen.

Morgen wird mich mein Weg nach Königsbach Stein führen. Eine kleine Wandergruppe des Martinshauses will mich begleiten. Ich freue mich!

Inwendig warm, Tag 38
Nach Königsbach-Stein
Auf die Socken

Nico und ich sind bereits sehr zeitig am Startplatz eingetroffen. Ein paar Minuten später biegt auch die kleine Gruppe unserer Begleiter um die Ecke. Für die hiesige Kirchenzeitung werden noch schnell ein paar Fotos geschossen und wir marschieren los. Es geht bergauf und bergab, daran habe ich mich ja mittlerweile gewöhnt. Aber nun geht es auch noch durch die Wälder und ich muss mich sogar mit dem Rolli durch die Büsche schlagen. Es soll eine kleine Abkürzung sein, heißt es. Na, dafür nehme ich diese Unbill doch gern in Kauf.

„Ihr seid ja ein starkes Team", meint Werner, mit dem wir uns schon seit über einer Stunde angeregt unterhalten.

„Ja", sage ich. „Und ziemlich beste Freunde!"

Werner erzählt mir von seinen Schwierigkeiten mit Politik und Behörden. Er leitet eine Behindertengruppe und ist oft am Kämpfen. Er muss versuchen, Forderungen durchzusetzen, die eigentlich selbstverständlich sind. Wir tauschen unsere Erfahrungen untereinander aus. Ich erzähle von meinen Erlebnissen mit dem Jobcenter. Eines Tages erhielt Nico ein Schreiben von dort:

> „Sehr geehrter Herr Nicola Schnittger,
> ich lade Sie hiermit zu einem persönlichen Gespräch ein, weil ich mich mit Ihnen über Ihren beruflichen Werdegang unterhalten möchte."

Mit dem obligatorischen Hinweis auf Sanktionen, dass, wenn er dieser Aufforderung – sie nennen es immer „Einladung" – nicht Folge leisten würde, er mit Leistungskürzungen zu rechnen habe etc. Ich schrieb zurück, dass eine Unterhaltung mit Nico wohl nur etwas eingeschränkt möglich sein dürfte, denn bisher sei er noch nie als Virtuose fein abgewogener Worte aufgefallen.

Wenn dem Jobcenter also der Wortschatz: „Mama, Pabba, Ärger" genüge, würde er der Aufforderung gern nach-kommen. Das Studium der zahlreichen, einschlägigen und vom Jobcenter regelmäßig angeforderten medizinischen Gutachten, könnte als Bestätigung meiner Ausführungen durchaus hilfreich sein.

Nach wenigen Monaten erhielt Nico ein weiteres Schreiben:

„Sehr geehrter Herr Schnittger,
ich lade Sie hiermit zu einem Gespräch ein …"

Ich schrieb erneut: „Um Wiederholungen zu vermeiden, verweise ich auf mein Schreiben vom …"

Ein Jahr später:

„Sehr geehrter Herr Schnittger,
ich lade Sie ein …"

„Tja, mein Lieber", sagte ich ihm. „Dann machen wir uns mal auf die Socken!"

Ich suchte noch einen dicken Aktenordner, um ihn, einfach nur so zum Spaß, Nico auf den Schoß zu legen, und wir schoben zum Amt. Ich zeigte Nico den Weg zu seinem Gesprächspartner. Die Türen stehen ja immer offen und so rollte er hämisch kichernd hinein. Ich nahm im Wartesaal gespannt Platz. Sekunden darauf hörte ich ein Klatschen im Raum. Es war wohl der Aktenordner, der erwartungsgemäß auf dem Boden landete. Dann hallte ein Jubelschrei, durch die Räume. Einen Moment später sah ich in das Gesicht eines völlig verstörten Mitarbeiters, der sich hilflos im Wartesaal umsah.

„Sind Sie der Vater?", fragte er mich sichtbar beunruhigt.

„Ja", entgegnete ich kurz.

„Wollen Sie nicht lieber zu uns kommen?"

„Gerne, wenn's hilft."

Ich muss diesen armen Menschen in Schutz nehmen. Er konnte mir glaubhaft versichern, dass er die Umstände nicht kannte. Sein Vorgänger hatte die Informationen wohl nicht eingepflegt und der Rechner wirft mit schöner Regelmäßigkeit die Vorladungen heraus. Dieser Fallmanager war ein netter und verständnisvoller. Eigenschaften, die bekanntermaßen nicht zu den herausragenden Qualitäten der Mitarbeiter dieser Behörde zählen. Eine Behörde, deren System die Verwaltung von Nummern ist, die völlig außer Acht lässt, dass sich hinter diesen Nummern Menschen und Schicksale verbergen, mit Existenzängsten und einer Lebenssituation, die man gern als unwürdig bezeichnen darf.

Diese Geschichte inspirierte die Hamburger Chansonette Turid Müller, die uns inzwischen eine gute Freundin geworden ist, ein wunderschönes Lied über uns zwei Wanderburschen zu texten und zu komponieren:

Auf die Socken

Er ist ein Mondenkind
Sagt stolz der Herr Papa
Er kann nicht Fußball spielen
Doch lächeln wunderbar
Er ist mein Himmelsglück
In dieser tristen Welt
Die meine hat er dann
Auch auf den Kopf gestellt
Und jetzt erst seh‘ ich klar
Hier läuft so viel verkehrt
Einfach normal zu sein
Das hat man uns verwehrt
Das soll uns niemals mehr
So nebenbei gescheh'n
Lass uns durch Deutschland zieh'n
Man soll uns sehen und verstehen

Los, Alter! Machen wir uns auf die Socken
Kein Bock zum Stubenhocken
Lass uns die Straßen rocken
Machen wir uns auf die Socken

Und auch das Arbeitsamt
Kann einfach nicht verstehen
Lieber ein Kind im Heim
Als weiter „hartzen“ gehen
Das Amt droht Strafen an
Kürzt selbst das kleine Geld
Und schließlich hat das Amt
Den Jungen einbestellt
Man wolle reden und
Es gehe doch nicht an
Dass so ein junger Mensch
So gar nichts leisten kann
Man fragt sich manches Mal
Wer wohl die Briefe kriegt
Oder woran es liegt
Das da die Menschlichkeit nie siegt

Los, Alter! Machen wir uns auf die Socken …

Niemals hat der Herr im Amt
So hilflos dreingeschaut
Da kommt doch dieser Rolli durch die Tür
Der Junge kann nicht reden
Doch sein Blick hat viel gesagt
Eine Mahnung in Aktion statt auf Papier

Los, Alter! Machen wir uns auf die Socken …

Turid hatte ich über einen gemeinsamen Bekannten kennengelernt, der mir berichtet hatte, dass sie mit den Mitteln des Theaters für ähnliche Anliegen kämpft. Ihr Motto „Im Rampenlicht statt unterm Teppich“ sprach mich sofort an. Nicos Farm hat seither mit Turid Müller, die auch Schauspielerin und Psychologin ist, einige gemeinsame Projekte umgesetzt. Unser Lied läuft inzwischen in vielen ihrer Musikkabarett-Shows als Pausenmusik und verweist auf die Arbeit des Vereins:
www.chanson-kabarett.de

Werner erzählt mir auch von Kürzungen und Streichungen zum Nachteil seiner Bewohner, dem Frust und der fehlenden Wertschätzung auch den Betreuern gegenüber. Und mir kommen wieder die Skandale der letzten Jahre in den Sinn: Politiker, die heucheln, umfallen; die Dauergrinser, Aussitzer, dunkle-Konten-Anleger, die Schwarzgeldverzinser. Alte, Behinderte, Menschen, die Schutz benötigen, bleiben auf der Strecke. Offen gestanden, kann ich es kaum noch ertragen, wie sie das Volk bescheißen! Aber kein Aufschrei geht durchs Land, kein Aufmucken, keiner, der auf die Straße geht. Die Leute haben mehr auf Comedy Bock. Ein bisschen Love-Parade und Volksmusik und keiner hört mehr auf die Mahner. Ich halte es wie Werner Schneyder: „Manchmal gehen mir meine Meinungen auf die Nerven. Aber ich habe keine anderen."

Endlich, nach kilometerlangen Pfaden über Stock und Stein, erreichen wir unseren Zielort. Wir kommen über einen Berg und müssen steil hinab nach Königsbach-Stein. Dort findet gerade ein Dorffest statt. Komisch, überall, wo wir hinkommen, wird gefeiert. Bürgermeister Genthner hat die Anwohner bereits über unsere Wanderung durch Deutschland und unsere Ankunft in Königsbach informiert. Wir kommen die Straße hinunter, biegen um eine Kurve und plötzlich steht da ein ganzes Dorf am Straßenrand und applaudiert uns. Hunderte von Bewohnern, hinter Absperrgittern stehend, jubeln uns zu. Es ist nicht der Größenwahn, der mich packt. Nein, im Gegenteil. Ich bekomme schon wieder weiche Knie. Wir müssen noch etwa 500 Meter weiter laufen, an winkenden und Beifall klatschenden Menschen vorbei. Nico jubelt zurück. Am Ende steht Bürgermeister Genthner mit einem Mikrofon in der Hand und begrüßt uns freudig. Nico ist außer Rand und Band. Ich kann den Rolli kaum schieben, weil er vor Freude über diesen Empfang hin und her wackelt und dabei fast aus dem Rollstuhl kippt. Zu meiner Freude muss ich nicht ins Mikro sprechen. Das bekomme ich jetzt, bei dieser Darbietung, auch nicht auf die Reihe. Herr Genthner führt uns in ein Festzelt.

Dort warten bereits zahlreiche Gäste. Nico hat es eilig, aus dem Rolli zu klettern und setzt sich zum Essen fassen auf die Bank neben den Bürgermeister. Er lehnt sich ausgelassen zur Seite und liegt nun fröhlich mit dem Rücken auf dem Schoß des Bürgermeisters und lässt sich genüsslich von dessen Frau den Kopf kraulen. Guido Westerwelle würde dieser Anblick hinunter gehen, wie Öl und er würde sich, in seiner Aussage von der spätrömischen Dekadenz überaus bestätigt sehen.

Später schreibt Genthner in einem netten Brief an Volker, anlässlich unserer Ankunft am Bodensee:

> „Beim Empfang auf unserem Dorffest waren alle beeindruckt über die Leistung von Arnold und Nico Schnittger. Auch ich war beeindruckt von den beiden [...]
> Herrn Schnittger ist hier gelungen, was ihm besonders am Herzen liegt. Trotz des Ernstes der Situation, konnte er seine Botschaft mit viel Lebensfreude vermitteln. Das ist auch auf den Bildern erkennbar. Die Begleitung durch eine Gruppe von behinderten Menschen des Martinshauses Berghausen dürfte den beiden zusätzlich Mut zugesprochen haben.“

Inwendig warm, Tag 39
Nach Schellbronn

Das Lachen der Schmetterlinge

Mein Gott, ist das niedlich. Ein Dutzend kleiner Zwerge tanzt um uns herum. Wir sind im Kindergarten Schellbronn. „Viel Glück und viel Segen auf all deinen Wegen“, singen sie. Wie oft haben wir dieses Lied nun schon gehört. Es ist herzergreifend, diesen fröhlichen Kindern zuzuschauen und zuzuhören. Nico haben sie in ihre Mitte genommen. „Eine gute Reise, lieber Nico“ steht auf einem Plakat, das genau so groß ist, wie das Mädchen, das es in der Hand hält. Nico sitzt auf einem Stuhl und die Kinder tanzen in einer Polonäse um ihn herum. Nico lacht und schäumt über vor Glück.

In Hamburg führen wir oftmals Aktionen durch, die wir „Behinderung erleben“ genannt haben. Wir gehen in Schulen und in Kindertagesstätten und lassen die Kinder einmal mit Rollstühlen fahren. Das macht ihnen Spaß, sie können ja anschließend wieder aufstehen. Aber schon nach einer kurzen Zeit stellen sie fest, dass es sehr mühsam sein kann, kleinste Hindernisse zu bewältigen. Zum Beispiel eine Tür zu öffnen oder etwas aufzuheben.

Besonderen Anklang finden unsere Aktionen, wenn sie in der Stadt durchgeführt werden. Die neugebaute Hamburger Hafencity ist so ein Ort, der von Kindern und Jugendlichen gern gewählt wird, um zu testen, inwieweit die UN-Behindertenrechtskonvention, die auch von Deutschland unterschrieben wurde, in den baulichen Maßnahmen umgesetzt wird. Die Empörung über die fehlende Barrierefreiheit ist regelmäßig sehr groß. Es ist bedauerlich, dass Menschen mit Behinderungen noch viel zu wenig Beachtung zukommt. Die Kinder, die an diesen Aktionen teilnehmen, werden die Ingenieure und Architekten von morgen sein. Es erstaunt immer wieder, wie einfach es bei Kindern ist, Sensibilität und Solidarität zu wecken. Was unterscheidet uns erwachsene Zwerge von den Kindern?

Lieben sie mehr? Aber das Gegenteil von Liebe ist nicht Hass, sondern Gleichgültigkeit. Sind wir im Laufe unseres Lebens gleichgültig geworden? Gleichgültigkeit ist nicht der Anfang eines Prozesses, es ist das Ende eines Prozesses. Bei Kindern ist dieser unsägliche Prozess eben noch nicht abgeschlossen. Vielleicht ist das das Geheimnis. Wer gleichgültig ist, ist frei von Empathie. Gleichgültigkeit macht mitleidlos, moralfrei und erbarmungslos. Deshalb müssen wir unsere Stimme erheben, mahnen, erzählen, unermüdlich, aufrichtig und deutlich.

Die Kinder reißen mich wieder aus meiner Gedankenwelt. Wir wären noch gern geblieben, aber es ist Zeit, Abschied zu nehmen. Es fällt jedes Mal aufs Neue schwer, bei so einem herzlichen Empfang Ade zu sagen. Wir müssen wieder zu unserem Wohnwagen zurück. Der steht nun in Bad Liebenzell auf einem Campingplatz, den uns Herbert Masino, der Geschäftsführer der Kurverwaltung, kostenlos zur Verfügung gestellt hat.

Später erhalten wir einen lieben Brief vom Kindergarten:

„Von diesem besonderen Tag waren auch unsere Kinder sehr berührt und berichteten zu Hause ihren Eltern davon."

Viele hübsche, von den Kindern zärtlich gemalte Bilder waren dabei.

„Lieber Nico", schreibt eine Maja, sechs Jahre alt, auf ihrem Bild mit vielen Bäumen.

> „Du hast auf Deiner Reise sicher viele Bäume und Häuser gesehen. Hoffentlich war der Himmel blau und die Sonne schien!
> Liebe Grüße, Deine Maja"

Eine Erzieherin schreibt:

> „Lieber Nico,
> deine weite Reise quer durch Deutschland ist nun fast zu Ende […]

Auf jeden Fall war es ein Abenteuer, was wir alle so noch nie erlebt haben und wofür wir dich sehr bewundern. Wir sind beeindruckt von eurem Mut. Euer Pfesel ist immer hier bei uns in der Gruppe. Er erinnert uns daran, dass es sich lohnt, für eine gute und wichtige Sache zu kämpfen und auch dann nicht aufzugeben, wenn es schwierig wird. Das haben wir von euch gelernt!"

Wir liegen im Gras auf einer bunten Wiese neben unserem Wohnwagen. Unzählige Schmetterlinge flattern plötzlich um uns herum. Selten habe ich so viele Schmetterlinge gesehen. Nur einmal in Brasilien, bei den Wasserfällen von Iguazú. Ganz viele Pfauenaugen spielen über Gräser und Blüten. Nico beobachtet sie eifrig und winkt ihnen hinterher. Ein Apollofalter kommt angeschwebt, setzt sich auf sein Knie. Ich sage ihm, das ist ein ganz besonderer Falter. Er ist so selten, dass du ihm vermutlich nie wieder begegnen wirst. Nico will ihn anfassen, ihn streicheln. Ich halte behutsam seine Hand fest.

„Du musst ganz still sein und darfst dich nicht bewegen", beginne ich meine philosophische Abhandlung.

„Du kannst ihn nur beobachten", setze ich meine Ausführungen fort.

„Du darfst ihn nicht festhalten wollen. Es ist wie die Liebe", sage ich ihm von Mann zu Mann.

„Auch die Liebe ist, poetisch gesehen, wie ein Schmetterling. Sie lässt sich auf einer Blüte nieder, wie es ihr gefällt. Du solltest glücklich sein darüber, aber du darfst es nicht erzwingen. Wenn Du sie einsperren willst, stirbt sie. Auch dieser kleine Flattermann stirbt, wenn Du ihn festhältst."

„Wenn Du ihn liebst, dann musst Du ihn loslassen."

Ich fürchte, mein Sohn ist noch nicht so weit und ich werde mit derartigen Ratschlägen wohl noch ein Weilchen warten müssen.

Auf einem Windhauch schwebt Apollo wieder davon. Er hätte gern noch ein Weilchen bleiben dürfen. Wir sehen ihm noch lange hinterher.

„Wünsch ihm kräftige Flügel", flüstere ich meinem Jungen zu. „Sicher will auch er den Himmel berühren."

Inwendig warm, Tag 40
Nach Calw
Stufen

Wir sollen heiter Raum um Raum durchschreiten,
an keinem wie an einer Heimat hängen.
Der Weltgeist will nicht fesseln uns und engen,
er will uns Stuf' um Stufe heben, weiten.
Hermann Hesse

Ich habe dieses Gedicht vorangestellt, weil ich ein alter Hermann-Hesse-Fan bin. Und heute erreichen wir Calw. Hier steht das Geburtshaus des Dichters. Schon lange, vor Beginn dieser Wanderung, habe ich mich darauf gefreut. Bei der Planung des Abenteuers habe ich einfach einen Strich von Flensburg bis zum Bodensee gezogen. Und dabei stellte ich freudig fest, dass diese Linie ziemlich genau an Calw vorbeiführte. Und was lag näher, als nicht nur Hesses Geburtsstätte zu besuchen, sondern auch den Ort seines Wirkens in Gaienhofen am Bodensee als Ziel auszuwählen?

Es ist wieder mühsam. Mit meinem ganzen Gewicht stemme ich mich gegen Rollstuhl und kleines dickes Kind. Das Kind ist wenig beeindruckt und guckt sich genüsslich die Landschaft an. Mein Keuchen lässt meinen Sprössling kalt. Es geht elendig bergauf. Aber ich nehme die Strapazen heute sehr locker. Beflügelt bin ich von dem Gedanken, diese kleine Stadt, die ich schon lange einmal besuchen wollte, heute endlich kennenzulernen. Ich bin zu meiner großen Freude im Hermann-Hesse-Museum eingeladen. Viel zu früh kommen wir in Calw an. So können wir uns noch ein bisschen umsehen. Vor allem können wir, was Nico außerordentlich gefällt, in einem kleinen Lokal einkehren und einen Happen essen. Klar, mit Nachtisch selbstverständlich.

Noch einen Termin haben wir heute auf dem Zettel: Matze hat sich angesagt. Er hatte uns ja bereits in Hamburg ein Stück begleitet. Er ist hier irgendwo in der Gegend und macht ein paar Tage Urlaub. Er ist mit seinem Liegefahrrad unterwegs. Plötzlich kommt er auch die Straße herunter geschossen. Nach einer herzlichen Begrüßung bestaune ich sein Gefährt. Ich habe immer bezweifelt, dass es in einer liegenden Position gemütlich sein soll, Fahrrad zu fahren. Um meine Zweifel zu zerstreuen, darf ich eine Runde drehen. Ich bin erstaunt, dass ich, ohne umzufallen, mühelos mit dem Gefährt klarkomme. Wenn dies Teil nicht so teuer wäre, könnte ich mich daran gewöhnen.

Nun ist es soweit. Wir biegen um die Ecke zum Museum. Vor dem Eingang ist bereits ein Tisch für uns gedeckt. Felicitas Hartmann, die Leiterin des Museums, empfängt uns freudig. Wir sitzen an einer kleinen Tafel, liebevoll dekoriert mit leckeren Kuchenstücken, Kaffee und Brause für den jungen Herrn neben mir.

Der schäkert sofort mit Frau Hartmann, die seine Bemühungen auch gern honoriert. Ich stelle fest, die Chemie zwischen den beiden stimmt. Sie macht ständig Blödsinn mit ihm. Und er mit ihr. Sie lädt mich ein, das Museum zu besichtigen und erklärt sich bereit, den Kampfzwerg so lange in ihre Obhut zu nehmen. Mit großer Freude nehme ich das Angebot an.

Allerdings, so ganz entspannt ist mein Rundgang nicht. Ich weiß ja, was der Rabauke so alles auf der Uhr hat und bin ich doch ein bisschen beunruhigt, ob Frau Hartmann mit dieser Situation zurechtkommt. Deshalb beschränke ich meine Besichtigung auf eine kurze Inaugenscheinnahme. Meine Sorge erweist sich jedoch als unbegründet. Die beiden machen noch immer ihre Späßchen. Und der Tisch ist auch nicht abgeräumt und steht immer noch senkrecht. Ich werde bei ihr Nachhilfe zum Thema Sonderpädagogik beantragen.

Frau Hartmann lädt uns zu einem Stadtrundgang ein. Ich lausche ihren Erzählungen. Wir kommen auch beim Knulp an, einer Skulptur des Bildhauers Friedhelm Zilly. Der Knulp ist eine Romanfigur von Hermann Hesse. Hier machen die beiden, Frau Hartmann und mein Klappskalli, besonders viel Quatsch und spielen um die Figur herum.

Zurück im Museum erhalte ich zu meiner Freude noch zahlreiche Werke von Hermann Hesse, einige Bildbände sowie ein Schreibset mit Namenszug als Abschiedsgeschenke.

Es muss das Herz bei jedem Lebensrufe
bereit zum Abschied sein und Neubeginne,
um sich in Tapferkeit und ohne Trauern
in andre, neue Bindungen zu geben.
Und jedem Anfang wohnt ein Zauber inne,
der uns beschützt und der uns hilft, zu leben.
Hermann Hesse

Inwendig warm, Tag 41
Nach Herrenberg
Erdbeereis am Abend

Was keiner wagt, das sollt ihr wagen
Lothar Zenetti

„Wo bleiben Sie denn?", fragt mich eine etwas genervte Stimme aus meinem Handy.

„Eine dreiviertel Stunde brauche ich noch", antworte ich ruhig und bemühe mich, zu verbergen, dass ich ebenso genervt bin.

Volker hat mir das eingebrockt. Ich bin doch kein Liniendampfer. Eher Deutsche Bahn AG. Warte ab, wenn ich wieder zuhause bin. Dann gibt's Nachhilfe in Mathematik. Kilometerrechnen mit Unbekannten. Erstens geht's bergauf und zweitens habe ich mich wieder verlaufen.

Man kann in diesem Autoland Baden-Württemberg nicht immer an der Straße entlang laufen. Plötzlich hört der Fußweg oder der Radweg auf und dann findet man sich auf der Schnellstraße wieder. Das ist mir zu gefährlich. Zu rücksichtslos ist der Straßenverkehr. Wenn ich dann in eine Seitenstraße einbiege, dauert es meist nur kurze Zeit, bis ich mich verfranzt habe.

Ich keuche einen Schritt schneller. Der Bürgermeister, ein paar Delegierte und ein paar Presseleute sollen auf dem Marktplatz von Herrenberg stehen und ständig nach uns fragen. Ich ahne die Stadtmitte bereits, da kommt uns auch schon Bürgermeister Andreas Gravert entgegen. Nur noch ein paar Meter Knüppelpflaster überwinden, einmal um die Ecke biegen und dann stehen wir mitten auf dem Marktplatz.

Ich traue meinen Augen nicht: Ganz hinten stehen vier Fotografen in Linie. Das soll wohl der Zieleinlauf sein. Ihre Teleobjektive haben sie bereits auf uns gerichtet und rufen uns heran. Mit dem Bürgermeister sollen wir telegen auf sie zurollen. Nico habe ich vergattert, fröhlich in die Kameras zu winken. Es ist mir stets wichtig, Frohsinn zu verbreiten. Wenn Nico, angestrengt vom vielen Lachen, etwas eingeknickt und vielleicht dösend im Rollstuhl sitzt, könnte man denken, ich quäle ihn durch die Republik. Aber Nico ist topfit und aus dem Endspurt wird nix. Die Fotografen haben, ohne es zu wissen, einen schweren Kardinalfehler gemacht. Exakt 50 Meter vor der Zieltribüne befindet sich auf der linken Seite eine Eisdiele. Allmählich bin ich eisdielentraumatisiert. Nico entgeht niemals etwas. Mit beiden Händen ergreift er, mitten im Schwung, auf Höhe der Eisausgabe, die Bremshebel. Der Rolli steht und bewegt sich auch nicht einen Millimeter weiter. Von dem heftige Ruck überrascht, mache ich eine halbe Judorolle über den Rollstuhl und komme halb liegend zum Stehen. „Ich mache unsere Stunts immer selbst", rufe ich den Fotografen zähneknirschend zu. Auf Nico versuche ich beschwichtigend einzuwirken.

„Nur dieses eine Bild, Alter, dann gibt's doch gleich den Flatrate-Erdbeerbecher."

Ich hätte wissen müssen, dass meine Bemühungen zum Scheitern verurteilt sind. Die Fotografen haben inzwischen auch erkannt, dass sie auf verlorenem Posten stehen und kommen jetzt zu uns. Sie haben auch verstanden, dass unser Interview warten muss.

Im „Böblinger Bote" steht am nächsten Tag als Überschrift:

„Erdbeereis am Ende eines langen Reisetages"

Im Text heißt es schwarz auf weiß:

„Bürgermeister Andreas Gravert spendierte dem Duo am Ende eines Wandertages zwei Becher Eis. Nico aß beide!"

Ich stoße Nico an: „Das Leben ist doch herrlich, oder?"

So, das Kind ist mit den Eisbechern fixiert, und ich kann nun die vielen Fragen beantworten. Ich erzähle auch von unserem Lichtermeer. Darüber berichte ich eigentlich fast überall, in der Hoffnung, Mitstreiter zu finden. Die Journalisten schreiben fleißig mit. Einer fällt mir besonders durch seine etwas zurückhaltende Art auf. Er hat wohl große Berührungsängste und vermeidet ganz offensichtlich den Körperkontakt mit Nico, der mit seiner Hand immer wieder nach ihm sucht. „Er hat mich angefasst!", springt er plötzlich zur Seite.

„Oh", sage ich. „Da haben Sie aber noch mal Glück gehabt. Eigentlich beißt er sonst immer gleich zu."

Auf den Artikel bin ich ja gespannt. Am nächsten Tag bin ich sehr überrascht, wie sensibel er seinen Bericht verfasst hat. Ich habe mich schwer geirrt.

Inwendig warm, Tag 42
Rottenburg am Neckar

Himbeereis zum Frühstück

Diese Eisschlemmerei macht mich fertig. Wir sind in Rottenburg zum Frühstück eingeladen. Der Bürgermeister hat zum Empfang gebeten und alles vorbereiten lassen. Zwölf Sorten Aufschnitt, Brötchen, geladene Gäste aus der Verwaltung, der Hoffotograf der regionalen Presse. Alle da. Er hat uns am Fuße des Rathauses in Empfang genommen und herzlich begrüßt und um das Rathaus herumgeführt, weil es dort einen behindertengerechten Aufgang mit einem Fahrstuhl gibt. Und der Weg führt vorbei an einer – richtig, Eisdiele!

Nico verweigert beharrlich den Fleischsalat, das Zwiebelmett, den Weichkäse. Alles, was sein Gourmetherz sonst begehrt und es erfreut. Pädagogisch ist da wenig zu machen. Das erkennt auch der Bürgermeister und ist sich nicht zu schade, höchstpersönlich zum Ort der Begierde zu eilen. Ein paar Minuten später kommt er mit einem Mörderhimbeereisbecher mit Schlagsahne zurück. Der junge Herr gestattet ihm nun, die Veranstaltung zu eröffnen.

So eine Begrüßung ist immer nett gemeint. Ich bin auch ganz und gar nicht undankbar. Nur satt werde ich nie dabei. Ich kann nicht essen und gleichzeitig Fragen beantworten. Hinzu kommt noch die Verantwortung, den Wirkungsplatz meines kleinen Wandergesellen in möglichst dem Zustand zurückzulassen, in dem wir ihn vorgefunden haben. Das ist immer eine große Herausforderung für mich. Der Puls rast und Bluthochdruck beim Frühstück soll ungesund sein. Oftmals wundere ich mich, dass unsere Gesprächspartner den Austausch und unsere Auftritte viel cooler zur Kenntnis nehmen, als ich es selbst beurteile. Smalltalk ist nun mal nicht mein Ding. Ich bin kein Meister lockerer Konversation und dementsprechend hinterher jedes Mal ziemlich fertig. Aber was soll ich machen? „Aus Liebe zu seinem Sohn", schrieb wieder einer der Journalisten als letzten Satz seines Berichtes.

Wir müssen uns nun auf die Socken machen, um unser nächstes Ziel pünktlich zu erreichen. Die Landschaft hier ist wirklich wunderschön. Ein tolles Wandergebiet. Die Sonne ist warm, aber nicht mehr heiß. Wir sind beide gut drauf. Heute rieche ich sogar den feuchten Duft, der vom Wald herüber weht. Jetzt erst, kurz vor Ende der Reise, gelingt es mir, die Wanderfreuden, von denen Hesse so geschwärmt hat, zu genießen. Ich höre die Vögel zwitschern und sehe die Wolken ziehen. Kurz: ich bin mit mir im Reinen.

Im Radio hörte ich heute Morgen einen netten Gedanken von Christian Springer:

„Wenn bei den Senioren einer nicht mehr so gut gehen kann und nicht mehr so gut mitkommt mit den anderen, dann laufen die anderen nicht davon, sondern bleiben bei ihm und helfen ihm. Aber das ist nicht bei uns so, das ist bei den Elefanten."

Ich bin nicht unglücklich, dass uns am Zielort niemand in Empfang nimmt. Schweigen tut gut!

Stattdessen

Anstatt mit dir zu gehen, werde ich kriechen.
Anstatt mit dir zu reden, werde ich andere Wege finden,
mit dir zu kommunizieren.
Anstatt mich darauf zu konzentrieren, was du nicht kannst,
werde ich dich mit Liebe belohnen.
Anstatt dich zu isolieren, werde ich Abenteuer für dich erschaffen.
Anstatt dich zu bemitleiden, werde ich dich achten.
Huygen Hilling

Inwendig warm, Tag 43
Nach Mühlheim an der Donau
Hört Ihr Leut' und lasst Euch sagen …

Nach einem fürstlichen Frühstück mit viel Kaffee und Ei brechen wir auf. Die Nacht war ziemlich unruhig. Wir haben uns gegenseitig gestört. Wir sind nur noch wenige Kilometer von unserem Ziel in Gaienhofen entfernt. Was mag uns dort erwarten? Ein kleiner Empfang? Sicherlich. Volker hat das ja nebulös angedeutet. Meine Unruhe überträgt sich wohl auf meinen Wanderkameraden. Immer wieder zieht er meine Hand zu sich herüber und legt sich mit seinem Gesicht darauf. Dabei sabbert er mir in die hohle Handfläche. Meine linke Schulter schmerzt noch immer. Der Kalk will sich einfach nicht lösen. Es ist eben der Zahn der Zeit, der an mir nagt. Fortschreitendes Alter bringt gewisse physische Nachteile mit sich. Na ja, lieber den Kalk in der Schulter, als im Kopf. Obwohl … Besonders in der Nacht ist es unangenehm sich der Endlichkeit bewusst zu werden. Wenn zur Dunkelheit noch dunkle Gedanken aus der Seele treten, die Sorgen um die Zukunft meines Kindes überhand nehmen. Und immer, wenn der Bursche an meinem Arm zieht, tut es höllisch weh. So kann man nicht schlafen.

Entsprechend lahm bewege ich mich auf den ersten Kilometern. Wenigstens ist der Weg nur leicht hügelig. Viel Gegend. Wir sind irgendwo im Nirgendwo. Auf dem Weg nach Mühlheim an der Donau. Ich wusste gar nicht, dass hier die Donau fließt. Auch geografisch ist diese Wanderung ein Gewinn, kann ich doch wenigstens ein bisschen meine Wissenslücken schließen. So langsam komme ich wieder in Fahrt und erreiche nach zwei Stunden meinen alten Laufrhythmus. Ein fröhliches Wanderlied wird mir mal wieder durch energisches Zuhalten beider Ohren massiv vermiest. Na gut, dann quatsche ich dich einfach voll!

Nach weiteren zwei Stunden erreichen wir eine kleine Gaststätte. Beinahe wären wir vorbeigelaufen. Viele Möglichkeiten, eine kleine Mahlzeit zu sich zu nehmen, gibt es hier nicht. Aber Nico hat aufgepasst. Sein 7. Sinn, der, der für das Einkehren zuständig ist, ist zu jeder Zeit hellwach. Und so signalisiert er mir durch eifriges Händeklatschen, dass hinter dem Waldrand ein leckerer Nachtisch auf ihn wartet. Die Gaststube ist ziemlich düster. Die Wände sind zugenagelt mit zahlreichen Schädelknochen irgendwelcher Tiere, Geweihen und ausgestopften Vögeln. Wer's mag. Cola light (weil ohne Zucker) für meinen Kollegen, Hopfenkaltschale für mich, eine Bretterjause und den Nachtisch bitte vorweg.

Frisch gestärkt machen wir uns wieder auf den Weg. Es ist immer wieder das gleiche nach so einer Rast: Ich sehne mich nach einem Bett. Nur zwei Stündchen schlafen. Ach.

Wir stehen jetzt vor den Toren von Mühlheim. Endlich, endlich kann ich Mühlheim in der Ferne ausmachen. Wir müssen nur noch um einen Berg herum. Dann sind wir am Ziel. Leider endet direkt am Berg der asphaltierte Radweg. Ein staubiger Fußweg führt genau auf den Berg hinauf. Ein anderer Weg zeigt in den Wald. Das ist mir zu riskant. Jetzt noch verlaufen? Darauf habe ich nun gar keinen Bock. Also entschließe ich mich, auf der Straße weiter zu marschieren. Es kommen auch nur wenige Autos entgegen und die können wir auch schon von weitem sehen. Und sie uns auch. Wir gehen scharf links.

Selten sind wir so oft angehupt worden. Wir fallen fast in den Graben, so dicht rasen sie an uns vorbei. Die Straße ist doch so breit. Ein kleiner Schlenker zum Mittelstreifen würde bereits genügen, um einen Sicherheitsabstand von uns zu halten. Oder vielleicht sogar ein bisschen vom Gas gehen. Noch nie haben wir so viel Rücksichtslosigkeit erlebt. Mit Lichthupe kommen sie uns entgegen. Und wir haben keine Chance auszuweichen. Man kann hier 120 fahren. Muss man aber nicht. Ich schiebe den Rolli immer ganz dicht an die Grabenkante und warte, bis das Auto vorbei gebraust ist. Ich bin so sauer, dass ich bereits mit dem Gedanken spiele, mich mit einer Hand voll

Steine zu bewaffnen. Zurück gehen ist aber auch keine Option. Nach einem Kilometer haben wir den Berg endlich umrundet. Und wie von Geisterhand in die Landschaft gesetzt, taucht auch unser Radweg wieder auf. Wir haben noch ein bisschen Zeit. An einer Brücke können wir von oben die Donau sehen, die sich rauschend an dem Ort vorbei schlängelt. Wie toll müsste es sein, von hier aus mit einem kleinen Boot durch Österreich, Ungarn, Kroatien usw. bis ins Schwarze Meer zu paddeln. Fast 3000 Kilometer schlängelt sich der Fluss durch 10 Länder hindurch.

Nun müssen wir weiter, wir werden erwartet. Durch das alte Stadttor gelangen wir in die malerische Oberstadt und zu dem gotischen Rathausbau. Hier ist der Charakter Mühlheims seit dem 14. Jahrhundert lebendig geblieben. Der Bürgermeister, Jörg Kaltenbach, steht bereits vor dem Rathaustor, begrüßt uns und führt uns in die Vorhalle. Dort warten weitere Gäste auf uns, unter anderem die Behindertenbeauftragte des Kreises. Nico hat es besonders der Nachtwächter angetan. Die beiden verstehen sich auf Anhieb. In seinem schwarzen Umhang, ausgerüstet mit Horn und Kerzenlampe, meint man, die Zeit stünde still. Seit 500 Jahren gibt es in Mühlheim die Tradition des Nachtwächters.

„Hört ihr Leut‘ und lasst Euch sagen …“ Aber nicht nur die Zeitansage, sondern das Bewachen der Gebäude oder ganzer Dörfer und Städte war die vorrangige Aufgabe der Nachtwächter. Ihr besonderes Augenmerk hatte dem Feuer zu gelten, von dem neben Seuchen und Hungersnöten die größte Gefahr für die damaligen Siedlungen ausging. Nico greift nach der großen Lampe, die ihn besonders fasziniert. Ich bin ein wenig in Sorge wegen der Unversehrtheit dieses wertvollen Ausrüstungsteils. Inzwischen tauschen die beiden unter großem Gelächter ihre Hüte aus. Nico bekommt den großen schwarzen Hut aufgesetzt, der ihm sofort über die Ohren rutscht. Der Nachtwächter erhält im Gegenzug Nicos Baseballkappe mit dem Namenszug „Nicos Farm“. Zum Schluss drückt uns dieser liebe Mensch noch einen Briefumschlag in die Hand mit einer kleinen Spende darin.

Ich springe in meinen Unterhaltungen immer ein bisschen hin und her. Mal mit diesem, mal mit jener. Besonders interessant ist für mich ein Gespräch mit der Leiterin des Sozial- und Grundsicherungsamtes und der Behindertenbeauftragten. Beide versichern mir glaubhaft, dass es hier diese Probleme, wie ich sie von Hamburg, aber auch aus vielen anderen Großstädten kenne, nicht gibt. Man kennt sich und verhandelt auf Augenhöhe.

Oftmals sind aber auch, und das räume ich gern ein, den Mitarbeitern die Hände gebunden. Sie erhalten Anweisungen von „ganz oben". Seit Nico volljährig geworden ist, erhält er Leistungen, nämlich Grundsicherung, vom Sozial- und Grundsicherungsamt. Es gibt unterschiedliche Regelbedarfsstufen. Nach neuester Rechtsprechung des Bundessozialgerichts stehen ihm Leistungen in Höhe der Regelbedarfsstufe 1 zu. Menschen mit geistigen Behinderungen, die bei ihren Eltern leben, werden diese Leistungen einfach gekürzt. Sie erhalten rechtswidrig und willkürlich lediglich 80 % der ihnen zustehenden Leistungen. Das war bislang die übliche Verfahrensweise, wurde lange von den Verbänden kritisiert und nun erst von den Gerichten untersagt.

Sieben Monate ruhte unser Widerspruch unbearbeitet in einer Schublade des Grundsicherungsamtes. Das Grundsicherungsamt folgte einer Anweisung des Sozialministeriums, diese Widersprüche trotz der bindenden Gerichtsurteile zunächst nicht zu bescheiden. Herzlichen Dank, Frau Nahles! Inzwischen hat unser Rechtsanwalt eine Untätigkeitsklage eingereicht. Selbstverständlich bekam Nico recht und 1.700 Euro nachgezahlt. Geradezu beschämend, wie behinderte Menschen, die nicht mehr als eine Handvoll Euro zum Bestreiten ihrer Lebensgrundlage haben, um ihr Recht betrogen werden. Wegen der spannenden Unterhaltung und auch, weil ich meinen Klappskalli ständig in Schach halten muss, komme ich gar nicht zum Essen. Ich habe einen Mordshunger und die belegten Brötchen auf dem liebevoll gedeckten Tisch gucken mich erwartungsvoll an. Es nützt nichts. Ich muss mich mit Getränken über Wasser halten. Verdursten werde ich nicht. Höchstens verhungern.

Morgen früh werden wir hier starten. Zu unserer vorletzten Etappe.

Inwendig warm, Tag 44
Nach Eigeltingen

Vom rechten Weg abgekommen

Der Himmel ist wolkenverhangen. Dunkle Regenwolken sind wieder aufgezogen. Aber welch eine Freude: vor dem Tor steht das Wohnmobil unseres Freundes Friedhelm Peetz. Friedhelm kennen wir ja, weil er uns bereits in der Heide besucht hat, von Köln den langen Weg gefahren ist. Er will uns auf unseren letzten beiden Etappen begleiten. Es beginnt bereits zu nieseln und wir gehen zur Kindertagesstätte, die sich direkt gegenüber dem Rathaus befindet. Die Kinder warten schon auf uns und stehen, um nicht nass zu werden, unter dem Torbogen zum Eingang. Nico begrüßt eifrig die Zwerge, es dauert nur wenige Sekunden und das Eis ist gebrochen: sie grüßen und winken ebenso eifrig zurück. Nun gibt es wieder ein schönes Lied, das wir mit auf den Weg nehmen sollen.

Es ist immer wieder rührend anzusehen, wie unkompliziert alles ist. Nein, wie alles sein könnte. Könnten wir doch sein, wie die Kinder. Ich denke, erwachsen zu werden, das ist die eigentliche und immer wiederkehrende Vertreibung aus dem Paradies.

Wir müssen los. Der Bürgermeister erklärt uns den Weg. Wir könnten einfach an der Straße entlang laufen. Aber da habe ich von gestern noch die Schnauze voll. Und nun, beim Regen, bekämen wir voraussichtlich von jedem Auto noch eine Dusche mit auf den Weg. Es gibt aber auch eine Strecke, die über die Berge führt. Soll sogar kürzer sein, weil wir, durch den Wald trabend, dann auf dem direkten Weg in den nächsten Ort gelangen. „Ein Schleichweg, kürzer als die Luftlinie", sagt unser Bürgermeister. Den Spruch habe ich schon einmal gehört. Bergauf. Na klar! Nico ist wasserdicht verpackt und wir schieben los. Bereits nach 500 Metern mutmaße ich, dass wir uns verlaufen haben. Die Wegbeschreibung des Bürgermeisters passt überhaupt nicht mehr zu dem, was wir hier sehen.

Wir laufen einen langen Weg hinunter und kommen an eine Abzweigung. Tja – links oder rechts? Friedhelm meint links. Ich plädiere für rechts. Nico erhält keine Stimmberechtigung. Ich setze mich durch, weil wir von weitem einen Sportplatz ausmachen. Dort können wir weiter fragen.

Links war richtig. Aber nicht eindeutig. Genau konnte man es uns auch nicht sagen. Das kenne ich doch schon von Lüneburg, wo mir Anwohner nicht einmal den Weg in den Nachbarort beschreiben konnten. Über die Autobahn – na klar! Aber durch den Wald? Und ausgerechnet heute regnet es. Die Regentropfen schmerzen in den Augen. Im Wald ist es ein bisschen besser. Dafür ist es rutschig, matschig und holprig. Wir erreichen eine große Wiese. Die wurde uns auch beschrieben. Hier müssen wir runter. Im Winter finden hier sicher Abfahrtsläufe statt. Mühsam stemme ich die Fersen in den aufgeweichten Untergrund, um nicht abzurutschen. Wenn Nico hier auf Fahrt geht, dann mal gute Nacht. Endlich gelangen wir an die Landstraße und es trifft mich der Schlag. Ungefähr an dieser Stelle bin ich gestern stur die Straße lang gewandert. Gegen alle Widrigkeiten. Bis Mühlheim sind es etwa 2 Kilometer. Wir haben für diese Strecke 3 Stunden benötigt.

Jammern nützt nichts, es geht weiter. Der Himmel reißt langsam auf und sogar die Sonne lacht uns zu. Ich erzähle Friedhelm von meinen allerneuesten Erlebnissen mit meiner Lieblingsbehörde. Vor kurzem wurde ich von der Arge mal wieder zu einem gemütlichen Plausch ins Amt einbestellt.

„Wie viele Stunden pflegen Sie denn so am Tag?“ begann die Fallmanagerin das Gespräch mit dieser etwas hinterhältig gemeinten Frage. „An den Wochenenden ist die Betreuung rund um die Uhr notwendig, in der Woche sind es 18 Stunden täglich.“

„Warum denn nur 18 Stunden?“, kam erwartungsgemäß die Nachfrage.

„Wochentags besucht Nico eine Einrichtung zur Tagesförderung“, entgegnete ich.

„Dann könnten Sie aber doch in diesen 6 Stunden einen Job übernehmen!“

„Theoretisch ja“, sagte ich. „Aber offen gestanden würde ich auch gern einmal durchatmen. Vielleicht auch ein bisschen Schlaf nachholen. Die Nächte sind ja auch sehr anstrengend. Mir ist auch niemand bekannt, der 24 Stunden am Tag arbeitet.“

„Also wissen Sie“, belehrte sie mich. „Ich habe auch drei Kinder großgezogen.“

Ach, dachte ich so bei mir. Und die machen immer noch in die Windeln?

Ich wusste es, wir beide werden keine Freundschaft entwickeln können.

„Ich werde Sie auffordern, zum Oktober nächsten Jahres bei Ihrem Rentenversicherungsträger einen Prüfantrag auf vorzeitige Rente zu stellen“, fuhr sie fort.

Dann fliegen Sie endlich aus der Arbeitslosenstatistik raus. Der letzte Satz ist allerdings von mir, denn den behielt sie lieber für sich.

Ich erhielt also ein Schreiben, mich bei meiner Rentenstelle zu erkundigen, ob ich in Rente gehen könne.

„Sie sind aber nur verpflichtet, eine abzugsfreie Rente zu beantragen.“

Es stellte sich heraus, dass ich zwar eine Rente bekommen könnte, aber hohe Abschläge hinnehmen müsste. Somit würde ich bis an mein Lebensende Sozialhilfe beziehen. Aber ich bin ja „nicht verpflichtet …“, sagte man mir und dachte ich mir im Vertrauen auf die Schriftstücke. Mal wieder vorbei gedacht!

April, April, wir haben Sie verschaukelt! Sie müssen trotz der Abschläge Rente beantragen. Das muten wir Ihnen zu. Sie haben ja die Möglichkeit, Sozialleistungen in Anspruch zu nehmen. Ab 1. November probieren wir das mal und stellen unsere Zahlungen dann ein.

Junge, was bist Du nur naiv!

Ich legte also erst einmal Widerspruch ein. Bereits nach drei Wochen wurde mir der Eingang meines Widerspruchs bestätigt.

„Wir kommen unaufgefordert auf Sie zurück."

Kamen sie aber nicht. Langsam wurde ich unruhig, denn der Tag meiner Mittellosigkeit rückte näher. Mein Widerspruch schmorte unbeantwortet in der Schublade. Auf den letzten Drücker nahm ich mir dann endlich einen Anwalt. Der forderte zunächst einmal Akteneinsicht. Bekam er aber nicht. Daraufhin stellte er dann einen Eilantrag beim Sozialgericht. In einem fünfseitigen Beschluss gab das Gericht meinem Widerspruch statt und befand, dass das Jobcenter bei derartigem Geschäftsgebaren gegen Treu und Glauben verstoßen habe.

Diese rechtlich leider nicht unbegründete Maßnahme der Jobcenter, nämlich die Menschen in den vorzeitigen Ruhestand zu schicken, um die ohnehin manipulierte Arbeitslosenstatistik noch weiter zu frisieren, ist eine Katastrophe für pflegende Angehörige. Aber auch für jeden anderen Langzeitarbeitslosen. So wird man für die Sorge und Pflege seiner Familienangehörigen auch noch doppelt bestraft, indem man um die Altersrente gebracht wird und bis an sein Lebensende von staatlichen Transferleistungen leben muss. Obwohl man bereits in der ersten Instanz zur Kasse gebeten wird und alles Vermögen, Lebensversicherungen, Wertgegenstände veräußern muss, um überhaupt in den Genuss des ALG2 zu kommen.

Warren Buffett, der erfolgreichste Großinvestor aller Zeiten, der – grob geschätzt – 60-65 Milliarden auf der hohen Kante hat, wurde von der New York Times gefragt: „Was ist der zentrale Konflikt unserer Zeit?"

Und Warren Buffett hat geantwortet: „Das sollte jeder wissen. Es ist der Krieg Reich gegen Arm. Und meine Klasse, die Klasse der Reichen, hat diesen Krieg begonnen und wird ihn auch gewinnen." Und die Helfershelfer dieses Krieges sind die Damen und Herren, die immer wieder an der Hartz-IV-Schraube drehen und vorgeben, Leistung müsse sich mal wieder lohnen.

Inzwischen haben Friedhelm und ich uns hoffnungslos verfranzt. Auf einer Bank im Sonnenschein, an ein Häuschen gelehnt, besprechen wir die Situation. Weil am Zielort niemand auf uns wartet und unsere heutige Laufleistung die eigentliche Distanz bei weitem übertrifft, beschließen wir, dass es für heute Feierabend sein möge. Als letzte Amtshandlung trägt Friedhelm noch eine glitschige Kröte, die sich ungeachtet ihrer dadurch erheblich verkürzten Lebenserwartung mitten auf der Fahrbahn zum Sonnenbad niedergelassen hat, auf die andere Straßenseite ins rettende Schilfgras.

Inwendig warm, Tag 45
Nach Gaienhofen

Wir sind dann mal da

Wir haben Friedhelm heute Morgen zum Frühstück eingeladen. So kann er sich auch mal ein Bild davon machen, wie wir hier im Wohnwagen hausen. Wir stehen auf dem Campingplatz in Gaienhofen. Die Gemeinde hat uns den Platz freundlicherweise kostenlos zur Verfügung gestellt. Friedhelm steht mit seinem Wohnmobil gleich nebenan. Nico freut sich über den Besuch. Er freut sich immer, wenn wir Gäste haben. Dann ist noch mehr Leben in der Bude. Und dann können es noch mehr Menschen mitbekommen, wenn er aufdreht.

Bei Brötchen und Kaffee besprechen wir den heutigen Tag. Nico kleckert derweil den Joghurt über den Tisch. In Eigeltingen wollen wir heute unseren Endspurt beginnen. Wir sind in einer Kindertagesstätte angemeldet. Volker hat uns wieder bestens mit Terminen versorgt. Als wir dort eintreffen, wartet Michael Moll, ein lieber Freund aus alten Zeiten, in denen wir Kaliningrad unsicher gemacht und dort Hilfsgüter an Kinderheime geliefert haben, auf uns. Er ist von Trier hierher gefahren, um gemeinsam mit uns die letzten Kilometer bis ins Ziel zu wandern. Michael gehört zu den Menschen, die man nachts, wenn man irgendwo auf der Autobahn liegengeblieben ist, aus dem Bett klingeln kann. Von den Kindern und den Erziehern werden wir freundlich begrüßt. Es ist immer wieder die gleiche Prozedur: bei all dieser Herzlichkeit können wir unseren Terminplan niemals einhalten. Selbstverständlich müssen wir uns die Räume ansehen, wir erhalten kleine Geschenke, die Kinder singen uns wunderschöne Lieder. Nie plant Volker ein bisschen Zeit für Herzlichkeit ein. So kommen wir schon wieder verspätet auf die Piste.

„Volker“, bat ich ihn, flehte ich ihn an. „Bitte nur noch zwei Termine am Tag. Mehr ist nicht zu schaffen.“ Aber Volker kann so grausam sein und gibt uns noch ein Treffen in einer Schule mit auf den Weg. „Liegt ja auf der Route.“

Ich habe Puls und Bluthochdruck und nehme mir vor, als erste Amtshandlung Volker, der in Gaienhofen auf uns wartet, kräftig auf die Nase zu hauen.

Es nützt nichts, wir müssen auch dieser Schule einen Besuch abstatten. Schweiß überströmt kommen wir dort an. Die Kinder warten bereits auf dem Pausenhof auf uns. Nico ist bei den Mädchen mal wieder Hahn im Korb. Die Lehrer haben sogar Eis am Stiel für uns besorgt. Nico lutscht beidhändig und lacht die Mädchen an. Wir erzählen ein bisschen von unserer Arbeit und Nico stellt seinen Rolli zur Verfügung, mit dem die Kinder über den Hof brausen. Mittlerweile ist er bei seinem dritten Eis angelangt, während er, auf einem Stuhl sitzend, das Treiben mit seinem Rolli doch etwas argwöhnisch beobachtet.

Unsere Termindichte lässt kein längeres Verweilen mehr zu. Wir müssen uns sputen. Nach ein paar Kilometern erreichen wir den Zipfel des Bodensees. Das ist nach diesen vielen Strapazen derart ergreifend, dass ich kurz innehalten muss. Von Flensburg bis zum Bodensee. Ich kann es kaum fassen. Für eine sentimentale Show bleibt aber, Volker sei gedankt, keine Zeit. Wir suchen den Sportboothafen. Dort wollen wir eine Schweizer Gruppe treffen. Ein paar Mütter, die mit ihren behinderten Kindern, mit uns ins Ziel laufen möchten. Ständig klingelt mein Handy. Wo seid ihr, wann kommt ihr? Freunde rufen an, der Bürgermeister. Alle scheinen ebenso aufgeregt zu sein, wie ich.

Inzwischen ist unsere Schweizer Wandergruppe eingetroffen. Die letzten Kilometer brechen an. Die vielen Gespräche lassen mich meine Aufregung vergessen. Ein Radiosender meldet sich an. Die Reporterin möchte uns entgegenkommen und schon mal ein paar Fragen stellen. Auch der regionale Fernsehsender vom Bodensee ist bereits auf dem Weg zu uns.

„Ich finde Euch nicht“, ruft mich die verzweifelte Radiofrau an.

„Geduld, einfach den Weg am Ufer entlang gehen, wir können uns nicht verfehlen", beruhige ich sie. Inzwischen trifft auch schon das Fernsehen ein. Gottseidank nicht alle auf einmal. Aber nach ein paar Minuten kommt uns auch die Radiofrau strahlend entgegen. Und so quatsche ich mal in das eine Mikrofon, mal in das andere.

Das ist ja nett. Auf einem Felsen am Wegrand liegt ein großes Poster: „Noch 1000 Meter!"

Und was macht mein Krawallski?

Ist zur Seite weg geklappt und pennt!

Wir gehen ein paar Schritte weiter, als wir plötzlich Schüsse hören. Lauter Donnerhall dröhnt an unsere Ohren.

„Die schießen auf uns!", entfährt es mir.

Hundert Meter vor uns springen plötzlich Feuerwehrleute aus einem Gebüsch und zünden Böllerschüsse. Der Weg wird immer schmaler und auf einmal tauchen ganz viele Kinder vor uns auf und bilden ein Spalier. Jedes Kind hat ein großes Schild in der Hand, mit dem Namen eines Ortes. Es sind alle die Orte, durch die wir gewandert sind. Waren das wirklich so viele? Am Ende dieses Weges warten hunderte jubelnde Menschen, vorweg der Bürgermeister der Gemeinde Gaienhofen, der uns mit einer Zielflagge, wie beim Autorennen, in die Zielgerade winkt. So viele Menschen, die uns Beifall klatschen. Hände schüttelnd arbeite ich mich durch die Menge. Nico ist inzwischen auch wieder aufgewacht und lässt sich diesen großen Bahnhof nicht entgegen. Volker, der Verursacher dieser Menschenansammlung, hat mir bereits den Rollstuhl abgenommen und schiebt meinen kleinen Klappskalli zum Gasthof Seehörnle, wo der Empfang für uns vorbereitet wurde. Folkloregruppen spielen auf, es gibt ganz viel Musik. Radio und Fernsehen fangen die Stimmung ein, lassen sich Interviews von den zahlreichen Gästen geben. Volker moderiert die Veranstaltung und hält eine launige Laudatio, mit einer – was mich besonders berührt – modifizierten Interpretation von Hesses „Stufen", „wir sollen heiter Raum um Raum durchschreiten […]"

Es ist alles so unwirklich. Wir sind doch bloß ein bisschen spazieren gegangen. Gut, es war ein ziemlich langer Spazierweg. Aber als ich in die Gesichter der vielen Gäste blicke, sage ich zu Nico:

„Das hat sich doch gelohnt, Alter! Oder was meinst du?“

Am nächsten Abend sind wir im Seehörnle auf ein 5-Gänge-Menü eingeladen. Also fünf Gänge für jeden. Pro Person. Fünf Gänge für Bärbel, fünf Gänge für mich und fünf Gänge für Nico. Rechnerisch, in der Fantasie.

Im realen Leben lediglich jeweils 3 Gänge für die Eltern, dafür 9 Gänge für den Deutschland-im-Rollstuhl-Bezwinger.

Mein Dankeschön geht an

Nicos Mama Bärbel,
die mir stets den Rücken freigehalten hat,
damit ich nicht zusammenklappe.
Und an Volker,
der mir während der Wanderaktion
ein guter Freund geworden ist
und der mir so viele gute Begegnungen ermöglicht hat,
so dass ich fast zusammengeklappt wäre.
Ohne Euch hätte ich es nicht geschafft.

Wenn ich an meinen Sohn denke,
denk ich stets
mein Gott, hab' ich ihn lieb!

Nachbemerkungen

Unser Wohnprojekt „Nicos Farm“

Aus Sorge um die Zukunft meines Sohnes, habe ich im Jahr 2008 den gemeinnützigen Verein „Nicos Farm e.V.“ gegründet. Zweck war und ist die Schaffung eines innovativen Wohnprojektes für pflegende Angehörige.

In Deutschland gibt es etwa 950.000 behinderte Kinder. Mehr als 90 Prozent von ihnen leben in der eigenen Familie. Eltern mit behinderten Kindern stehen vor besonderen Herausforderungen, wenn sie ihr Kind nicht in einem Heim untergebracht haben, sondern es zuhause betreuen. Die Pflege des oder der Kinder ist nicht nur eine enorme psychische und physische Belastung, sondern führt meist auch dazu, dass die Eltern keiner normalen beruflichen Tätigkeit nachgehen können und auf die finanzielle Hilfe vom Staat angewiesen sind. Aufgrund der begrenzten und für die angemessene Pflege des Kindes nicht ausreichenden Mittel geraten Familien mit behinderten Kindern nicht selten in finanzielle Nöte und gesellschaftliche Isolierung. Während gesunde Kinder schon frühzeitig damit beginnen, eigenständig zu werden, allein oder mit anderen zu spielen, Hobbys nachzugehen etc., stehen bei den Eltern von behinderten Kindern wöchentlich meist nicht nur mehrere Fahrten zum Arzt und verschiedene Therapien auf der Tagesordnung. Die dauerhafte Beaufsichtigung und Betreuung der behinderten Kinder bedeutet, dass Eltern so gut wie keine freie Zeit für eigene Dinge, zur Erholung oder Zweisamkeit bleibt. Permanenter Stress und körperliche Anstrengungen führen bei vielen Vätern und Müttern zu Burnout oder Ähnlichem.

Dazu kommt das Gefühl der gesellschaftlichen Ausgrenzung, des Alleingelassen-Seins und -werdens. Ein Großteil der Familien hält diesem Druck nicht stand und zerbricht. Oft bleibt ein Elternteil mit dem Kind allein zurück, was die Notlage zumeist verschlimmert. Eltern von behinderten Kindern wünschen sich, dass ihre Kinder ein halbwegs selbstständiges Leben in liebevoller Umgebung führen können. Insbesondere dann, wenn Vater und Mutter nicht mehr als Betreuer und Lebensbegleiter zur Verfügung stehen. Die Aussicht, dass das eigene Kind später im Pflegeheim endet, weil kein anderer Platz in der Gesellschaft da ist, ist für viele Angehörige quälend, besonders vor dem Hintergrund der wachsenden Intoleranz in der Gesellschaft gegenüber Menschen, die nicht den üblichen „Normen" entsprechen sowie der kritischen Pflegesituation in den Heimen.

Neben den zu bewältigenden aktuellen Alltagsproblemen ist die Zukunftsangst für viele Familien mit behinderten Kindern täglicher Begleiter. Orte, die nicht Heim sind, und an denen behinderte Kinder erst mit und später auch ohne ihre Eltern leben können, sind in Deutschland bisher kaum vorhanden.

Nicos Farm in Amelinghausen (Landkreis Lüneburg) wird ein solcher Ort sein und damit dem beschriebenen gravierenden gesellschaftlichen Mangel ein Stück weit abhelfen, der sozialen Differenzierung im Zentrum der Gemeinde entgegenwirken und durch die Nähe zum Ortszentrum die gesellschaftliche Teilhabe der zukünftigen Bewohnerinnen und Bewohner fördern, denn: Wohnen ist ein Menschenrecht. Nur, wer ein sicheres Dach über dem Kopf hat, kann ein einigermaßen selbstbestimmtes Leben führen.

In Amelinghausen sind wir willkommen. Das ist nicht selbstverständlich. An zahlreichen Standorten sind wir bereits grandios gescheitert. Die Gründe kamen meist hinter vorgehaltener Hand: „wir wollen hier keine Behinderten."

Das Grundstück grenzt an einen besonders schönen Park in unmittelbarer Nähe zum Lopausee. Auf einem Areal von 14.000 Quadratmetern sollen hier ca. 20 Wohneinheiten entstehen. Zentraler Ansatz ist, dass sich die Familien untereinander unterstützen und organisieren.

Alle behinderten Menschen haben das Recht, ihr Leben lang auf Nicos Farm zu bleiben. Eng verknüpft mit dem Wohnprojekt ist der Arbeitsbereich auf Nicos Farm. Neben Gartenbau nach ökologischen Prinzipien und der artgerechten Haltung von therapeutisch sinnvollen Haustieren ergeben sich viele Möglichkeiten konstruktiver Beschäftigungen.

Ein von den Bewohnern in Kooperation mit Kindern und Jugendlichen des Kreises errichtetes Steinzeitdorf soll die Attraktivität von Nicos Farm erhöhen. Ein glücklicher Umstand ist die Tatsache, dass mit der Oldendorfer Totenstatt in der unmittelbaren Nachbarschaft ein authentisches archäologisches „highlight" mit hohem Naturschutzkontext vorhanden ist. Die Universität Hamburg begleitet und unterstützt mit dem Regionalarchäologen Dr. Andraschko unser Projekt.

Ein Klang- und Erlebnispfad, unser „Garten der Sinne", entwickelt und betreut von Dr. Erich Bäuerle, einem pensionierten Naturwissenschaftler, rundet unser Wohnprojekt ab.

Inzwischen haben wir einen Investor gefunden, der bereit ist, die ersten Häuser und die ersten Wohneinheiten zu finanzieren. Darüber hinaus sind wir auf der Suche nach weiteren Investoren, um dieses Wohnprojekt – möglichst noch im Jahr 2017 – zu realisieren.

„Care Revolution"

Nicos Farm ist Mitglied im Netzwerk Care Revolution.

Das Netzwerk Care Revolution ist ein bundesweiter Zusammenschluss von über 70 Gruppen, die in verschiedenen Feldern sozialer Daseinsvorsorge – familiäre Sorge, Gesundheit, Pflege, Assistenz, Erziehung, Bildung und Wohnen – aktiv sind. Gemeinsam ist ihnen der Kampf gegen Lücken in der öffentlichen Daseinsvorsorge, die zu Überforderung und Zeitmangel führen. Langfristig streben die Gruppen neue Modelle von Sorge-Beziehungen und eine Care-Ökonomie an, die nicht Profitmaximierung, sondern die Bedürfnisse der Menschen ins Zentrum stellt. Die Care-Aktivistinnen und -Aktivisten kämpfen für eine echte Teilhabe aller an gesellschaftlichen Entscheidungen. Dazu bedarf es einer umfassenden demokratischen Selbstverwaltung. Dabei setzen sie sich dafür ein, dass es keinen Ausschluss, keine Benachteiligung und keine Privilegien wegen der Herkunft oder der Staatsangehörigkeit, des Geschlechts oder der sexuellen Orientierung, der körperlichen und geistigen Leistungsfähigkeit sowie wegen Bildung oder Beruf gibt.

Auf der Homepage des Netzwerks http://care-revolution.org gibt es Informationen über Aktivitäten und Kontaktadressen. Um mehr über die Ideen und Ziele der Care Revolution sowie dahinter stehende politisch-ökonomische Analysen zu erfahren, empfehle ich das 2015 erschienene Buch von Gabriele Winker, einer Hochschullehrerin und Aktivistin im Netzwerk mit dem Titel „Care Revolution. Schritte in eine solidarische Gesellschaft", das für 12 Euro über den Buchhandel zu beziehen ist.

Es gibt einen weiteren Verein, der sich um pflegende Angehörige und ihre Familien kümmert: 2019 haben sich ehemalige Vereinsmitglieder von *wir pflegen* neu zusammen gefunden und einen Verein gegründet:

Allianz pflegende Angehörige
Interessengemeinschaft und Selbsthilfe e.V.

Nähere Informationen unter: www.allipa.de

Und ist's auch nicht ganz angenehm
Und stünd ich ganz allein
Ich möchte wieder widerstehen
Und weiterhin verwundbar sein
Konstantin Wecker

Literaturverzeichnis

Chinagate Altona. Ein Politkrimi in Altona, im Herzen Hamburgs
Robert Jarowoy
ISBN 978-3-89965-438-7

Niemand muss ins Heim. Menschenwürdig und bezahlbar – ein Plädoyer für die häusliche Pflege
Christoph Lixenfeld
ISBN 978-35483-7276-1

Flupsi und das rollende Dings
Jochen Wildt
www.flupsi.info
ISBN 978-3-8482-1479-2

Sperlingskinder. Gedenkarbeit für die Schwester Irma, die als Kind dem Euthanasie-Mordprogramm der Nazis zum Opfer fiel
Antje Kosemund
ISBN 978 -3-89965-494-3

Es hat sich gelohnt, Mutter. Autobiographische Begebenheiten eines spastisch Gelähmten Lasst mich, wie ich bin
Jürgen Knop
ISBN 978-38823-9226-5

Care Revolution, Wege in eine solidarische Gesellschaft
Prof. Dr. Gabriele Winker
ISBN 978-3-8376-3040-4

Es ist genug! Auch alte Menschen haben Rechte
Claus Fussek
ISBN 978-3-426-78644-4

Epilog

Was hat sich seit unserer „großen Wanderung“ 2013 getan?

Ich habe weiter gekämpft, Etappen gewonnen, Etappen verloren.

Meist sind es – das werden viele pflegende Angehörige bestätigen – gefühlt unendlich viele Stunden Arbeit und Anstrengungen, und auch wenn man zwei Schritte vorwärts gehen kann, sind es doch oft auch drei Schritte rückwärts.

Konkret heißt das, dass unser avisiertes Grundstück in der Lüneburger Heide für Nicos Farm e.V. nicht mehr zur Verfügung steht. Es gab zahlreiche Gespräche, Telefonate, Treffen, es gab Bebauungspläne, sogar eine Bachelor-Arbeit, aber die gesuchten Investoren fehlen.

Wir suchen also weiter. Ein neues Grundstück UND Investoren.

Bitte melden Sie sich bei mir, wenn Sie eine Idee haben. Herzlichen Dank.

Hamburg, den 30.10.2019
Arnold Schnittger (www.nicosfarm.de)

2., überarbeitete Auflage

Gloria Boateng

Mein steiniger Weg zum Erfolg

Wie Lernen hilft, Hürden zu überwinden und warum Aufgeben keine Lösung ist

mit 20 farbigen Abbildungen

2., überarbeitete und korrigierte Auflage

2019 · 298 Seiten · 14,00 € · ISBN 978-3-947901-00-5

Die SchlauFox-Gründungsinitiatorin Gloria Boateng wird als Ama Boaduwaa 1979 in Ghana geboren und zieht mit zehn Jahren nach Hamburg. Erst wird ihre Mutter abgeschoben und dann stirbt der geliebte Großvater. Sie kommt in eine Pflegefamilie. Dank Schulbildung und dem für sie wichtigsten Überlebensmotor – Lernen – kämpft sie sich durch alle Lebenskrisen, tägliche rassistische Angriffe inklusive.

Gloria Boateng erhält 2019 das Bundesverdienstkreuz, für ihr Engagement wurde sie 2011 von der Bundesregierung mit der Integrationsmedaille geehrt.

smm **Leichte Sprache Verlag**

Busbrookhöhe 130 B · 22159 Hamburg

mobil 0176 805 2000 9 · AB 040 609 406 80